所谓学习好，大多是方法好

闻怀沙 / 著

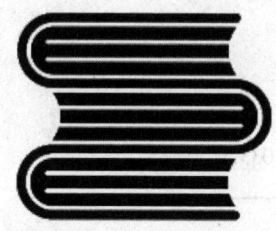

天津出版传媒集团

天津科学技术出版社

图书在版编目（CIP）数据

所谓学习好，大多是方法好 / 闻怀沙著 . -- 天津：
天津科学技术出版社 , 2021.5

ISBN 978-7-5576-9051-9

Ⅰ . ①所… Ⅱ . ①闻… Ⅲ . ①学习方法 Ⅳ .
① G442

中国版本图书馆 CIP 数据核字 (2021) 第 071033 号

所谓学习好，大多是方法好

SUOWEI XUEXI HAO DADUO SHI FANGFA HAO

策划编辑：杨 譞

责任编辑：马 悦

责任印制：兰 毅

出　　版：天津出版传媒集团
　　　　　天津科学技术出版社

地　　址：天津市西康路 35 号

邮　　编：300051

电　　话：（022）23332490

网　　址：www.tjkjcbs.com.cn

发　　行：新华书店经销

印　　刷：北京市松源印刷有限公司

开本 880×1 230　1/32　印张 7　字数 180 000
2021 年 5 月第 1 版第 1 次印刷
定价：36.00 元

前言

PREFACE

大家知道最牛最酷的优等生是什么样子吗？

他们不是戴着近视眼镜每天都只会看书的同学，也不是每个周末都只会乖乖待在家里的同学。相反——

他们活泼好动，思维敏捷，能言善辩，热衷实践；

每一天他们都有好多的时间娱乐、活动，每一秒钟他们都是开心快乐的。

最牛最酷的优等生，他们高矮各异，长相不同，唯一相同的是——

他们的生活内容丰富得不得了；

他们的体能精力充沛得不得了；

他们的考试成绩优秀得不得了。

他们为什么可以这么轻松，为什么可以生活得如此精彩？

原来他们收藏着一个叫作"智慧金点子"的百宝箱。

你还在辛苦努力，却收获不到满意的成绩吗？你还在犹豫不决，不知道怎样跨出第一步吗？你还在失望低落中，怀疑自己的能力吗？

其实所谓的学习好，大多是方法好。你与优等生的差别，只在于没有找到适合自己的学习方法。只要掌握了方法，树立正确的学习态度，养成良好的学习习惯，你也能轻松考第一。

本书将为你全面揭示优等生的学习秘诀，包括如何端正学习态度、学习的一些重要方法和策略、学习过程中各个环节的要领，还将告诉你优等生应对考试的技巧，以及如何把学习融入娱乐和生活之中，帮你树立大学习的观念，变苦学为乐学，充分开发大脑潜能，实现成为优等生的愿望。此外，本书对父母的教育方式也提出了宝贵的建议。

阅读本书，你会发现学习也可以是一项有趣的游戏，并不是什么负担，学习能让人在获得知识和技能的过程中得到愉悦，而考试，不过是这项游戏中一个普通的闯关环节而已。在游戏心态的支配下，学习会变得更加轻松，也更加有效。

请你立即拿起这本书，认真读下去，读到最后一页的时候，你会明白——

你也可以轻松考第一！你也可以轻松做优等生！

昔日你以为遥不可及的神话，就要开始实现了！

目录
CONTENTS

第二章

学习策略：现在就开始

第三章

学习要领：向优等生学习

第四章

优等生应试金法则

第五章

优等生娱乐金法则

第六章

优等生生活金法则

第七章

让孩子尽快地站到成功的门前

学习秘诀：开心学习

第一章

CHAPTER 1

知识的主人就是我

古往今来，读书是所有人获得间接知识的重要途径。人类在认识世界和改造世界的过程中所获得的大量知识信息都已被记载在书籍之中，书中积累了人类的智慧，在人类文明发展史上，伟大、成功、优秀的人没有不热爱读书的。

中世纪的阿维森纳为苏丹王治好了病，苏丹王要赏给他黄金和美女。他再三表示不要黄金和美女，只要求能允许他到王宫图书馆里去看书。

爱迪生在火车上卖报，火车在台脱罗布市停留时，他便一头钻进该市最大的图书馆里看起书来。

年轻的罗蒙诺索夫自愿帮助别人白干 40 天活，以换回一本算术书。

奥本海默以他卓越的才华赢得许多名牌大学高薪聘请他前去任教的机会，他最后选择了加利福尼亚大学物理系。系主任问他："许多大学聘请你去，为何你选择来我们学校？"他直率地回答说："因为贵校有许多古典书籍。"

我国著名学者钱学森 1950 年从美国返回祖国时，板条箱里没有装任何奇珍异宝，而是装满了800千克的书和笔记本。

这就是我们的榜样——勇敢的爱学习的领军人！

几乎没有任何人或事能够阻挡他们前进的脚步！

书，是他们的精神生命。

知识，是他们的唯一追求。

"我要永远学下去！""我爱学习！"这是他们心灵的呼喊。

所以，他们有明天，他们有成功。

那么，我们呢？我们也是知识的主人，我们要成为爱学习的优等生！

重要提示！

1. 书是知识和智慧的载体，是人类最宝贵的精神食粮，要自觉养成热爱读书的习惯，做学习的主人。

2. 古往今来，大凡有卓越成就的人，无不是爱书胜过爱其他一切的人，他们善于从书籍中汲取前人的经验教训，站在巨人的肩上才能看得更远。

3. 要成为优等生，就要以这些名人为榜样，热爱知识，做学习的主人。

成功源于自信的种子

经历过风雨，才能见彩虹。在这个世界上，没有任何事情可以不付出努力就能得到收获，也没有任何人可以随随便便成功。

古人告诉我们"天道酬勤"，就是要让我们相信自己，相信努力，永不言弃！

永远不要怀疑自己的天资！

永远不要放弃自己的努力！

我们可以问："天资与成败的关系究竟是怎样的？"

智者告诉我们——

天资只是成才的一个条件，它本身并不能决定一个人最终能否成才。即使具有最优异的天资，如果不去做相应的努力，才能也不会得到充分的发挥。

先给大家讲个小故事——

宋代政治家、文学家王安石写过一篇《伤仲永》，说江西金溪县有一个农民的儿子叫方仲永，5 岁就能写诗，"指物作诗立就"，"文理皆有可观"。当时一些人为求仲永作诗，或请他父亲做客，或送钱给他父亲。他父亲见有利可图，就天天硬逼着仲永作诗，仲永从此一无长进，到十四五岁时，已"泯然众人矣"。

也许人们认为这种悲剧在今天不那么多见了，然而事实并非如此。20 世纪 80 年代，著名的上海交通大学有个学生陈某，他在小学三年级的时候就能装半导体收音机，读中学时就能拆装电视机，1978年参加上海市黄浦区数理化竞赛时获得物理第一名、化学一等奖；1979年在上海市中学数理化竞赛中，又一次夺得物理第一名、化学三等奖。他的记忆力超群，上海交大为测试他的记忆力，派人陪他走过一次南京路，过后他能对街道两边的店铺名如数家珍。学校因此很重视他，说他是"可爱的神童"。神童从此自恃天资聪颖，拒不接受教育，经常旷课，不做作业，1980—1981学年中因8门课程不及格而被勒令退学。

亲爱的同学们，悲剧的故事启人深思，你还会抱怨自己的天资不够聪颖，还在为此自卑吗？

你们知道吗？那些天资平平，却通过自己的努力最终成才的人，在历史上是不胜枚举的。

我国清代有个学者阎若璩，他少小驽钝，记忆力差，又患有口吃病。据说他6岁入学，读书千遍，还不能背诵；上学八九年，还不理解书中的意思，看来此人已是"孺子不可教也"。但是他知道自己的天资差，也就格外比别人用功。由于他长期勤奋学习，积累资料，研究问题，终于写出了《古文尚书疏证》一书，成为著名的考据学家。

我国著名数学家华罗庚说："我读小学时，因为成绩不好，就没有拿到毕业证书，只能拿到一张肄业证书。在初中一年级时，我的数学也是经过补考才及格的。但从初中二年级后就发生了一个根本的转变，这是因为我认识到既然我的资质差些，就应该多用一点时间来学习，别人只学一个小时，我就学两个小时，这样数学成绩就可以不断提高。"

"天生我才必有用"，别的同学行我也行。大家都是人，都是一个脑袋、两只手，智力都差不多。只要努力，方法得当，自己的成绩就能提高。其实即使学习成绩好的同学，一旦放松努力，学习成绩也会下降。不耕耘是不会有收获的。

现在你明白了吗？

怨天尤人是没有意义的。努力才是我们自信的动力来源。

只要肯努力，有付出，就会有回报。我们的自信不是无源之水，我们的成功不是无本之木！

成功起源于智慧老人悄悄埋在我们每个人心中的一颗小小的种子。你应该知道这颗种子的名字吧？

这颗种子就叫作自信！

自信是走向成功的强大动力。心理学家告诉我们，自信能产生心理的内在驱动力，促使一个人有良好的表现。许多情况下，有了自信，事情就成功了一半，一旦气馁则必败无疑。

比如当你初学自行车时，看到前面有块砖，生怕撞上它，这种心理会马上使你的车晃悠起来，而且偏偏对准砖头撞了上去。如果你对这块砖视而不见，蔑视它，不怕它，反而不会撞上。

同学们，你发现了吗？在这里，你骑车的技术是能否有信心不撞上砖的基础，而车技的提高，又与你胆子大小有关。

所谓学习好，大多是方法好

所谓胆子大小，就是对自己能否掌握车技的信心。信心与能力是互相促进，相得益彰的。

再有一个例子便是跳高。在你曾经跳过的纪录基础上尝试新的高度，最终能否跳过去，心理素质是决定性因素。只要心里一打鼓，一犹豫，竿子就会碰掉落地；只有勇气与信心十足时，才有可能一跃而过。这是凡参加过跳高的人都会有的体会。所以，与骑车、跳高一样，人在做其他事情时，也有十分类似的原理支配着。

自信是取得成功所必备的心理素质。优等生中间永远不存在畏首畏尾、胆怯懦弱、缺乏自信的人。

美籍物理学家钱致榕，谈起他中学时代的一段经历时说，那时很多学生考试作弊，不求上进。一位责任心很强的老师，就从300个学生中挑选60个人组成了"荣誉班"，钱致榕也在其中。他们被告知，是因为他们有发展前途才被挑选上来的。对此这些学生十分高兴，对前途充满了信心，踏实认真地学习，后来，大部分人取得了可喜的成就。直到许多年以后，钱教授遇到那位教师时，才知道这60位学生是随意抽签决定的！

很神奇吧？

由此可以看出，当有的同学被告知"很有发展前途"时，他们就会产生强烈的自信心，因此自尊、自爱、自强而最终成材。

自信是一颗小小的种子，只要发现它，是金子就总会闪光的。

请同学一定树立信心，相信你自己！

重要提示!

1. 成功的先决条件是：首先在自己的心中有一个"我必能成功"的自信。对自己的能力有丝毫的怀疑都会影响自我潜能的充分发挥。

2. "天生我才必有用"，每个人都是独一无二的，要相信自己不比任何人逊色，"我也能考第一，我也能成为优等生"。

助你自信倍增的 8 种方法

我们根据优等生的成功经验来看，提高自信心是有办法的。亲爱的同学们，下面我们介绍几种方法，你们可以根据自己的情况采用一种或几种，必有成效！

1. 破除自卑

破除自卑是建立自信的根本方法。而破除自卑方法的具体措施，就是对每一个引起人自卑的事实做一个拨乱反正的正确认识。

人为什么会产生自卑心理？是因为有一个认识在支配你，而那个认识是错误的。

你因为家庭条件不好而自卑，是因为你有一个错误的认识，认为家庭条件不好会受人轻视。你要给自己一个认识：我家庭条

所谓学习好，大多是方法好

件不好，学习条件恶劣，但是我经过努力学得更好，说明我更有学习能力，我会赢得更大的尊重。这就是一个正确认识。

你因为个子矮而自卑，那么我们说，世界历史上的伟大人物中有很多个子都不高，拿破仑、马克思、列宁、邓小平等都是这样，所以我们不需要为个子矮而自卑。

要对引起自卑的事实有一个正确的认识，这是破除自卑的具体方法。

2. 每天对自己说"我行"

首先要告诉你的是永远不要对自己说"我不行"。总认为自己不行的人，语文不行、数学不行、英语不行，这不行那也不行，越认为自己不行就越没信心，越没信心就感觉越没劲，甚至破罐破摔。

尤其是学习基础较差的同学，快到期末考试时心里总想："我期中考试就没考好，我不行，所以这次考试肯定也考不好。反正是考不好，回去又得受我爸爸妈妈的斥骂，算了，不复习了"，那自然还是考不好。

安东尼·罗宾在他的《潜能成功学》一书里指出，如果你想让自己变得积极进取，有一种方法，那就是"假装"。当你在生理上假装拥有某种心态，你就能实现那种状态。有句老话如是说："如果你想无所不能，那就装得无所不能吧！"

如果你装得对学习很有兴趣，很有信心，很自然地你就能进入那种状态。俗话说："没有身，则没有心。"或"没有心，则没有身。"你是否有这样的经验？当你觉得身体疲倦、衰弱、疼痛时，是不是觉得周围的一切都显得暗淡无光。若你觉得活跃有劲，你的思绪就会跟着灵动飞扬。

常有人找安东尼·罗宾，说他办不了某件事，罗宾就说："装作你能办得到。"通常他们会回答："不知道该如何假装。"罗宾就说："就装作你知道怎么假装。你在举止上、神情上、呼吸上，都装出应该是的样子。当你真的装出应有的动作时，马上就觉得自己能办得到。"

同样的情形也发生在"过火"的仪式上。某些人面对火堆时，因为心理及生理上都做好了准备，所以充满了自信，准备一试。果然，他们能昂首阔步，安然无恙地走过火堆。

然而，有些人却在最后一刻退缩了。或许他们想起可能会发生的不幸后果；或许逼近火堆时，灼人的炽热赶走了原先培养出的自信。结果，他们的身体吓得直打战，或者大声喊叫，或者呆若木鸡。这时他们的肌肉僵硬，能否过去就可想而知了。

你也可以去想一想，是不是有哪一件事你做不来，但很想去做。如果你相信能办得到的话，你会怎么做？怎么说？怎么呼吸呢？现在就请你确确实实地展现你认为能办得到的生理状态来，看看这时候的站姿、呼吸、神情，是不是跟原先认为办不到时的样子有差别呢？如果你生理状态装得分毫不差，这时你就会觉得"好像"自己能做到先前认为办不到的事。

用这种"假装能行"的心理暗示，可以帮助我们克服自卑心理，树立自信心。你可以经常在心中默念："我行，我能行。"

所谓学习好，大多是方法好

默念时要果断，要反复念，特别是在遇到困难时更要默念。只要你坚持默念，特别是在早晨起床后反复默念 9 次，在晚上临睡前默念 9 次，这样通过自我的积极暗示的心理，你就会逐渐树立信心，逐渐拥有心理力量。

3. 大声讲话

大声讲话，就是训练表达的自信，是建立完整自信的一个很好的突破口。

这要从今天就开始训练。一定要敢张嘴，一定要放大声。人多的场面不敢练，人少时候练；当人面不敢练，先面对镜子自己练。

4. 有开心，就有信心

回忆过去成功的经验，可以增强信心，既然过去能学好，就应该坚信今后会学得更好。

积累成功经验的过程，正是自信心增强的过程。美国成功学大师戴尔·卡耐基指出："大胆地去做你怕做的事情，并力争得到一个成功记录。"他运用这个方法，使不少人摆脱了自卑的羁绊，树立起信心的风帆。因为对自己怕做的事情多缺乏自信心，所以不敢去做。可一旦尝试去做且取得成功，那么接下来的一些事情，也就更敢于去做了。

每个人在成长过程中，都有自己开心的事，开心的事就是你做得成功的事，那是你信心的产物、力量的源泉。每个同学都有很多开心的事，你要多想你最得意、最成功的事，例如回忆你

100 米比赛获得优异成绩的情景，回想那时你心里的感受。

有一个优等生，她曾经在学习的道路上郁闷过、彷徨过，甚至怀疑自己"我能行吗？"她的老师看到这种情况后，就对她说，"只要你振奋起精神，你就行"。在与老师的交谈中，她回想起自己曾经取得的好成绩和受到老师表扬时的情景，于是她心里踏实些了，有信心了，后来她经过努力，终于成功了。

这位同学再次拼搏努力，找回了她曾经遗失的自信与光荣。

这也告诉我们，任何时候，失败不是最可怕的，只要我们不曾输掉自己。

阳光总在风雨后，不要惧怕失败。

每一次的失败，都给我们经验。

每一次的失败，都让我们长大。

每一次的失败，都使我们走向成熟。

5.给自己一个灿烂的笑脸

没有信心的人才会愁眉苦脸，无精打采，眼神呆滞。雄心勃勃的人，眼睛闪闪发亮，满面春风。人的面部表情与人的内心体验是一致的。笑是快乐的表现，笑能使人产生信心和力量；笑能使人心情舒畅，振奋精神；笑能使人忘记忧愁，摆脱烦恼。

学会笑，学会微笑，学会在受挫折时笑得出来，就会增强信心。请你对着镜子自然地微笑，体验一下你内心的感受。这个方法看起来很简单，但是做起来确实有效果。当你逐渐养成了经常微笑的习惯，你就会觉得内心充满了力量，充满了信心。

现在你可以拿出心爱的小镜子，对着镜子里的人自然微笑。

当你给自己一个灿烂的笑脸的时候，你就将许给自己一个成功的未来，一个光明的未来！

6. 挺胸抬头才有自信

有的同学总习惯低头走路，没精打采。其实，你知道吗？垂头是没有力量的表现，是失败的表现，是丧失信心的表现。成功的人、得意的人、获得胜利的人则昂首挺胸，意气风发。昂首挺胸是富有力量的表现，是自信的表现。

人的姿势与人的内心体验是相适应的，姿势的表现与内心的体验可以相互促进。一个人越有信心、越有力量，越会昂首挺胸。一个人越没有力量、越自卑，越会无精打采，垂头丧气。学会自然地昂首挺胸就会逐步树立信心，增强信心。

一位优等生平常学业成绩不错，可没想到小学毕业考试失利了，当他得知自己的考试分数，回家后一进门就耷拉着脑袋。他妈妈一看他的姿态就知道他考得不好。他的妈妈不但没有批评他，反而鼓励他说："谁都有考好考坏的时候，世界上没有常胜将军。虽然考不上重点学校但精神上不能垮，不能气馁，儿子你要挺起胸、抬起头，振奋精神。"

他妈妈说"挺起胸"，"抬起头"，正表明这样的姿态是有力量的表现，是有信心的表现。在她儿子受到严重挫折的时候，她指导她儿子挺起胸抬起头，用外部姿势的改变来逐步消除她儿子气馁的心态，帮助她儿子从挫折中走出来。

7. 对别人说"你好"

我们要习惯于问候别人："你好吗？"因为按照常规，别人也会用问候回敬你。你问别人好，别人也会问你好；你对别人微笑，别人也会对你微笑。我们几乎很少见到你对别人微笑问候"你好"，别人会横眉竖眼对你说"你不好"，这是不符合人之常情的。在微笑的问候中，双方都会感到人间的温暖、人间的真情，这种温暖与真情就会使人充满力量，给人增添信心。

生活中，你也许会留意到，封闭的人往往都不会自信。只有打开自己的心窗，让自己潮湿的心情走出来，透透气，接受阳光的抚摸，我们的内心世界才会温暖明亮！

8. 让音乐为你喊出"加油"

每当升国旗时，听到雄壮激昂的国歌，我们会受到激励而热情奔放，斗志昂扬；而当听到低沉、悲伤的哀乐时，我们往往会有悲痛、难过之情涌上心头。

健康的音乐能调解人的情绪，陶冶人的情操，培养人的意志。当人受到挫折的时候，情绪低沉的时候，缺乏信心的时候，选择适当的音乐来欣赏，能帮助人振奋精神。军乐往往就有这种功能，它能激发人的情绪，使人充满激情。如《义勇军进行曲》曾经使千千万万的中国人热血沸腾，精神振奋，为保卫祖国流血牺牲，在所不惜。

亲爱的同学们，你认为哪首歌最能激励你前进呢？

1.每个人天生都或多或少有自卑心理，只有战胜自卑，才能建立起自信。

2.自信其实可以通过自觉的培育来获得，照着上面介绍的方法去做，持之以恒，你将会发现自己变得越来越自信。

说"我爱学习"

没有人可以不通过学习而生存。学习不仅仅是人生存所必需的，也是任何高等一点的动物生存所必需的。从翱翔云天的鹰，到孤行林间的虎，都要从它们的父母那里、长者那里学习到生存的技巧。学习是与脑袋相联系的，只有没有头脑的低等动物，才完全依靠本能来生存。

学习究竟是什么呢？学习是按照一定的学习目标，有系统、有组织地掌握知识、技能和发展能力的活动。

我国著名的心理学家林崇德教授将学习归纳成以下几点：

1.学习过程是同学们的认识活动超越直接经验的阶段

想一想，我们的学习多有优势啊？我们不受时间空间的限制，迅速又直接地从人类极为丰富的知识宝藏中提炼出好多好多的本领。

2.学习是在老师指导下的认识活动

我们的学习条件如此完备，不必像古人那样，自己苦苦摸索。敬爱的老师会把人类社会长期积累的知识根据社会需要教给我们，帮助我们，我们难道不应该好好珍惜吗？而且，对于每一位同学来说，学习要讲究与老师的配合，只有配合默契，我们才能事半功倍！

3.学习是一种运用学习策略的活动

亲爱的同学，此时你更应该对你的学业充满信心。你手中的这本书所要告诉你的，就是最新最有效的学习策略。

4.学习动机是学习的动力

我们通过对大量优等生的调查发现，"会学"水平取决于"爱学"程度，所以我们的学习一定要化"被动"为"主动"！

5.学习过程是获得知识经验、发展智力能力、提高思想品德水平的过程

当我们完成了自己的学业，成为一个合格的优等生的时候，我们应该是德、智、体全面发展的人才。

经过学习的五大特点的总结，我们找不到不爱学习的理由。而且，当我们发现所有的优等生都没有说"课堂上只是老师照本宣科，讲些重复的死理论"时，我们明白了每天我们都应该对自己说的一句话是："我爱学习！"

只有愉快地学习才会事半功倍，因为学习是一种内心的自觉

活动，不良情绪会妨碍我们的认知、记忆水平，会降低理解和分析能力。因此，兴趣盎然的、主动的、愉快的学习，与被迫的、强制的、不得已的学习，效果截然不同。学习所必要的记忆力、理解力都是由中枢神经支配的，而中枢神经则是由情绪调动的。高昂的情绪会使中枢神经兴奋起来，从而使学习事半功倍。

科学研究表明，人的脑子在喜、怒、哀、乐、爱、恨、惧等情绪极度兴奋时，眼前所发生的一切，均会自然而然地牢记不忘。

例如，给幼儿尝一次黄连，那苦味使他永生不忘；再如，一个特别美或丑的人，一瞥之下，也会令我们终生难忘。因为这种刺激会引起强烈的情绪反应。情绪不仅与记忆有关，与理解能力也有很大的关系。如果你对下棋产生浓厚的兴趣，你就会对棋谱具有比其他书籍高得多的理解力；假如你喜欢跳舞，你就会对音乐及舞蹈动作具有超乎寻常的领悟能力，这都与由兴趣爱好所激发的有关神经高度兴奋有关。

研究也证明，愉快积极的情绪对学习效果具有神奇的作用。所以，态度影响效果。

让我们每天都对自己说："我爱学习！"坚持说下去，在每一个清晨。因为潜意识如同一个湖，一个正面的自我暗示如同向湖面扔下一颗小石子，只有不断地扔，石子才能露出水面！

还要告诉你的是：成功的人有千千万，但成功的道路却只有一条——学习，勤奋地学习。我们的学习如逆水行舟，不进则退，所以我们要勤奋地学下去！

在网络信息技术日益升温、知识更新极快的今天，我们如果不每天学习，不断充电，那么很快就会落伍。因此，无论何时何地，每一个人都不能忘记给自己充电。只有那些随时充实自己，为自己奠定雄厚知识基础的人才能在激烈竞争的环境中生存下去。青少年要时刻记住这一点：即不学习就会落后。

古代著名的教育家孔子常常强调干劲及学习的重要性。但在孔子的众多弟子中，并非每一位都是干劲十足、勤奋好学的。例如，宰予虽有一副绝好的口才，却怠于学习。对于宰予，孔子常会摇头叹道："朽木不可雕也。"现代生活变化万千、节奏加快，它要求我们必须抱定这样的信念：活到老学到老。我们也应该记住：最难战胜的劲敌，是那些一步也不放松的人。

据说，犹太人是世界上最重视知识的民族，这是他们苦难的民族经历锻造出来的经验。

公元70年，犹太人悲惨地失去了国家，从此流落他乡，过着漂泊动荡的生活。他们深感自己是"没有祖国的人"，一切财产有被随时夺走的危险，只有知识和技能是"唯一可随身携带、终身享用不尽的资产"。

犹太人说，在父亲和老师一起被海盗抓走时，如果用所有金钱只能赎回其中的一个，那他会先把老师救出来。

因为犹太人世代相传的箴言就是"知识是最可靠的财富"。

世界银行前副行长瑞斯查德说："知识是比原材料、资本、劳动力、汇率更重要的经济因素。"美国管理学权威彼得·德鲁克则认为："在现代经济中，知识正在成为真正的资本与首要的财富。"

时代的列车飞速地前进着，它将把人类带向何处？新一代的青少年，面对大浪淘沙似的知识经济的到来，又该如何自处？历史已宣告：谁是知识的主人，谁就是世界和自我的主宰！处在新的信息时代，我们必须掌握学习能力，从而不断吸纳新知识，否则就会被时代抛弃。

重要提示！

1. 要提高成绩，关键在于调动自己学习的积极性。不断地对自己说："我爱学习"，就可以产生一种对待学习的愉悦情绪。

2. 成功的人有千千万万，但成功的道路只有一条——学习，勤奋地学习。

厌学诊断与治疗

厌学是对学习产生厌恶、反感或无所谓的心理倾向。也许有的同学会疑惑：到底怎样才叫厌学？我厌学了吗？经调查研究，有厌学症的同学大致有这几种表现或症状。

1.对学习目的存在认识偏差，认为读书无用

有人说"读书越多，收入越少""文凭越高，待遇越低"。这种错误的认识是对社会体脑倒挂、分配不公的主观反映，也是流传的一种社会偏见在学校中的反射。但无论如何，这种观点对相当一部分学生曾产生了不良影响，是厌学症产生的一种主要的社会因素之一。

2.学习态度存在偏差，消极对待学习

本来学习应是一种轻松愉快又富有吸引力的活动，但由于多种原因，却使学生讨厌学习。在教师和家长的压力下，学生勉强学习，却时常伴随着不愉快的体验，如紧张、焦虑、恐惧、羞愧、内疚、厌恶等。有的学生谈到学习就头痛，看到作业就心烦，听到考试就害怕，完全缺乏或者说失去了学习的兴趣和求知欲与好奇心。他们只是在外在压力下机械、被动地应付学习。

3.对学习的活动存在认识偏差，远离学习活动

他们感到只有远离学习才能达到心理平衡。他们很少把精力放在学习上，一般不愿做作业，不认真听讲，经常违反课堂纪律，时常迟到、早退、旷课、逃学，有的干脆弃学出走或辍学，对老师家长提出的学习要求一味抵触。

此外，学习成绩有越来越糟的趋势，也是厌学症患者的特点。

一般来说，产生厌学心理的原因很多，有些是老师和家长的

所谓学习好，大多是方法好

教育方式不当造成的。从学生自身来讲，很多学生不知道自己学习是为了什么，学到一半就感觉前途渺茫，从而产生厌学的心理。还有一些学生文化基础差，上课如听天书，对所学的课程听不懂，作业不会做，或者干脆不做，或者抄袭别人的；缺乏学习兴趣，从而放弃学业。这些厌学的同学一听到学习就头痛，以旷课、逃学来逃避学习，有的在街上闲逛，有的去玩感兴趣的东西（如游戏等），有的可能离家出走，有的想放弃学习出去打工。

那么，怎样克服厌学情绪呢？我们先来听一下最爱学习的优等生小帆的学习经验，他是公认的"语文大王"。他说——

学习语文就是学习我的母语。从小，我就喜欢学习语文，随着时间的推移，我越来越被语文的博大精深所吸引。

记忆字音、字形，我从不会去死记硬背，我喜欢查阅字典、词典及相关资料，去理解它们的含义，从而去记忆它们。我最喜欢查阅成语词典，看着一个个晦涩的四字成语变成一段段有趣的故事，我的心中充满愉悦。怀抱着一本厚厚的词典，我会觉得书中无尽的财富都是属于我的了。我一直都喜欢上语文课，喜欢听老师用如同叮咚泉水般的声音诵读优美的文章，也喜欢听老师用慷慨激昂的话语把课文分析得淋漓尽致，自己也顿觉酣畅不已。在上语文课之前，我会把老师要讲的内容先预习一遍，还会查阅相关资料，了解作品的写作背景和作者的生平。我认为这样做对理解文章的内容非常有帮助。在语文课上，我的思维会紧随着老师，把预习中遇到的问题一一解决，加深我对文章的理解。课后，我会静下心来把文章再读一遍，进一步强化我对文章内容的理解和对写作目的的认识，争取更好地揣摩作者的思想。有了这样的"三遍阅读法"，我就能基本掌握老师课堂上所讲的知识了。平时，我喜欢大量地阅读各种类型的文章。在阅读的同时，我会全身心地投入其中，仿佛自己就是故事中的人物，主人公的喜或悲即是我的喜或悲。我认为只有这样，才能更好地丰富我的思想感情，更好地提高我的阅读水平和写作水平。

由此可见，兴趣对于我们的学习来说是多么重要。

一棵幼苗，如果我们精心护理和照料，它有可能长成一棵参天大树。青少年兴趣广泛，心灵的田野里长满了各种各样的兴趣的幼苗。幼苗多了，你不让我，我不让你，争营养，争水分，争时间，结果谁也长不好。随着年龄的增长，同学们应理智地分析一下自己这些兴趣的幼苗，哪些是有益的，哪些是有害的，哪些是没有希望长大的，哪些是根本没有培养前途的。要像在菜地里整理幼苗一样，坚决锄掉那些有害的。

针对"厌学"的病情，我们开出以下几副药方：

1. 树立"大学习"的观念

唱歌是学习、打球是学习、练字是学习、画画是学习，只要用心，一切皆可学习，只要快乐，一切皆可学进。这样才能找到自己的长处，发现自己的闪光点，从而能够愉快地生活，轻松摘到属于自己的"苹果"，安心于学校的生活，进而以点带面尽可能地搞好文化学习。

所谓学习好，大多是方法好

2. 增强兴趣意识

学习兴趣是对学习活动和学习对象力求认识或趋近的倾向。兴趣由好奇、情趣和志趣三个因素组成。好奇是兴趣的起点，好奇心越强，对未知领域的探索也越深。由探索而发现，由发现而迷恋，由迷恋而攻坚，每个阶段都离不开好奇的引导，都是以好奇为开端，因好奇而深化。情趣是好奇的发展，是兴趣的情绪表现，集中表现为爱好。有了爱好，就能在爱好的领域向知识的深度和广度进军，就有了刻苦学习的高度积极性和主动性。孔子曰："知之者不如好之者，好之者不如乐之者。"人的爱好发展一般经历初选、喜爱、热爱、酷爱、入迷 5 个阶段，入迷是爱好的最高层次，是成功的一大诀窍，入迷而又不迷是爱好的理想境界。志趣是情趣的进一步发展，集中表现在对事业的痴情追求上。孔子曰："吾十五而志于学。"就是志趣的表现。

按兴趣对象的不同，可以把学习兴趣分为直接兴趣和间接兴趣两种。直接兴趣是兴趣中最具有推动力的成分，小学生的学习兴趣以直接兴趣为主。间接兴趣是对学习结果的兴趣，苏秦头悬梁锥刺股就是在间接兴趣的推动下发愤学习的写照。中学生的学习兴趣中间接兴趣所占比重很大。多数同学都经历过这样的过程：直接兴趣为主→间接兴趣为主→直接兴趣为主，即乐学→苦学→乐学。从而走上了成才之路。

培养兴趣，首先要增强兴趣意识。每位同学都应该明确，浓厚的学习兴趣是学习成功的保证。任何事情都有它特定的乐趣，乐于接触，乐于探究，发现其内在特点，体验过程的快乐，就会引起对它的兴趣，进而乐此不疲，走向成功。因此，强化兴趣意识是形成兴趣的前提。

3. 发展好奇心和求知欲

因好奇而设问，在问题的引导下去探究，做有心人，并善于从平常处设问，这是学业进步之路。居里夫人不经意间将中子的发现权让给了有心人查德威克，为此她追悔莫及。牛顿从苹果落地这一现象，发现了万有引力。爱因斯坦乘坐电梯时，突发奇想：假如电梯以光速行驶，结果如何？沿着这一思想，他发现了相对论。

请你用好奇的目光发现各门科目中蕴含的奥妙吧，你的兴趣会一点一点培养起来的！

4. 培养对知识的兴趣

客观事物本身有其内在美，这些内在美给人以很大的吸引力。如大自然的对称、和谐、巧妙、严密、奇特等特点，能给人以无穷无尽的魅力和美感，使人产生向大自然的广度和深度进军的力量。因为各学科、万事万物都有其特点，也有内在美，人们才感动于语文的形象生动，折服于数学的严密，惊叹于化学的变幻，感慨于生物的神秘，迷恋于音乐的和谐，才深刻体会到创新能造福社会、给人自尊和荣誉。

5. 变换学习方式，培养对学习过程的兴趣

所谓学习好，大多是方法好

看书、质疑、思考、练习、讨论等学习方式不断变换,读写结合、读记结合,学思结合,学问结合。在整个学习过程中,要学会以问题为先导,环环相扣,步步深入。在问题情境中学习,会使学习过程兴趣盎然。

注意学习过程中愉悦的情绪体验,这有利于强化兴趣。课内外、书内外结合,紧密联系自然、社会生活实际,学以致用,有利于提高对学习过程的兴趣。

6. 多和老师沟通感情

学生要搞好学习,应该理解、尊重教师,与老师沟通感情,获得老师的关心和期待。学生对老师有亲近感、信赖感,就会把这种情感迁移到老师所教的课程上,就会喜欢听他的课,努力去完成老师所布置的学习任务,会主动争取老师的指导,取得较好的效果,从而提高学习兴趣。

7. 将当前学习与人生目标联系起来,培养间接兴趣

兴趣与理想结合形成志趣,这是高层次的兴趣,稳定而有效,并且与优良的意志品质相结合。许多名人就是用理想之火,点燃兴趣之柴,而成燎原之势的。

一旦发现自己在学习挫折面前有退却的想法时,应提醒自己:再坚持一下就是胜利!要相信"极限"之后便会有新的境界,有道是"山重水复疑无路,柳暗花明又一村"。也可以用英雄形象、名言警句或励志歌曲来勉励自己,从而战胜挫折,做学习的强者。

重要提示!

1.克服厌学心理最重要的是端正学习的目的,培养主动学习的乐趣。

2.产生厌学心理时,学生要多与老师,父母及同学沟通交流,弄清厌学的原因,不可埋藏在心中,导致产生一系列不良影响。

做好准备,微笑着出发

每个人都有许许多多的梦想。有的同学想长大以后做电视节目主持人;有的同学想造出更新更好的宇宙飞船,环游太空,与外星人一起唱歌、跳舞、做朋友;有的同学想做一名医生,具有高超的医术,为病人解除痛苦……

这仅仅是梦想吗?

不!这是我们美好的理想,只要我们肯为此付出努力,一切皆有可能!

你不能怀揣着梦想而裹足不前。我们要凭借知识的力量,准备好出发!做好准备工作,我们才能向着理想的征途前进。

无论前面的路有多难,有多长,我们有的是已经准备好了的乐观心态。哪怕是海滩上种花,海浪浇不灭的是我们的努力与热情。所以我们要做好出发的准备,甚至每一个细节,从现在做起!

所谓学习好,大多是方法好

有一个小男孩，他在草地上发现了一个蛹。他把蛹捡起来带回家，想亲眼看一看蛹是怎样变成蝴蝶的。过了几天，蛹身上出现了一道小裂缝，里面的蝴蝶挣扎了好几个小时，身体似乎卡住了，一直也不出来。小男孩看着于心不忍，想助蝴蝶一臂之力，于是他拿起剪刀把壳剪开，帮助蝴蝶脱蛹而出。过了十多天，这只蝴蝶身体臃肿，翅膀干瘪，根本飞不起来，不久就死去了。

这个小故事告诉我们：必须做好充分的准备，才能最终实现理想。瓜熟蒂落，水到渠成，蝴蝶必须在蛹中痛苦挣扎，直到它的双翅强壮、丰满，准备好了，才会破蛹而出。

人何尝不是如此！没有准备的行动只能使一切陷入无序的状态，最终面临失败的局面。一个缺乏准备的人一定是一个差错不断的人，纵然具有超强的能力，千载难逢的机会，也不能保证获得成功。下面再来看一则故事。

一个年轻的猎人带着充足的弹药、擦得锃亮的猎枪去寻找猎物。虽然老猎手们都劝他在出门之前把弹药装在枪筒里，他还是带着空枪走了。"废话！"他嚷道，"我到达那里需要一个钟头，哪怕我要装 100 回子弹，也有的是时间。"

仿佛命运女神在嘲笑他的想法似的，他还没有走过开垦地，就发现一大群野鸭密密地浮在水面上。以往在这种情景下，猎人一枪就能打中六七只，毫无疑问，够他吃上一个礼拜的。可如今他匆匆忙忙地装着子弹，此时野鸭发出一声鸣叫，一齐飞了起来，很快就飞得无影无踪了。

他徒然穿过曲折狭窄的小径，在树林里奔跑搜索，树林是个荒凉的地方，他连一只麻雀也没有见到。

真糟糕，一桩不幸连着另一桩不幸：霹雳一声，大雨倾盆。猎人浑身上下都被雨水淋湿，袋子里空空如也，猎人拖着疲乏的脚步回家去了。

不要忽视准备，要用所有的耐心调整好自己出发前的心态，包括我们的形象与状态。因为，每一天的太阳都是新的，我们也应该用新的形象向她报到，同时进入振奋而轻松的状态，这也是我们给自己的要求。

当一个优等生在进行写作、阅读、学习、欣赏等各种脑力活动时，都会保持一个端正的坐姿，脊柱正直，两肩放平而且轻松，全身处在一个挺拔而放松的状态之中。面部肌肉放松，驱除各种杂念，就能高度集中自己的注意力。

同学们在课堂上只要把注意力集中于老师讲话的声音和表情上，就能充分吸收老师所授知识，使自己在课堂上集中自己的注意力，完成对老师讲课内容的理解和记忆。

当我们准备好这一切的时候，我们会做到挺胸抬头，面带微笑。我们也可以大声讲话，坦然从容。

每一天面对自己都是那么开心，每一天都会有笑容在肯定我们的进步，每时，每刻，每一秒钟！

第二章

CHAPTER 2

学习策略：现在就开始

与时间赛跑

从前，在非洲有一个名叫时间的富人，他拥有无数的家禽和牲畜以及无边无际的土地，他的田里什么都种，他的大箱子里塞满了各种宝物，他的粮食装满了谷仓。

时间富人拥有这么多的财产，他把牛、羊、衣服送给穷人，于是人们说世界上没有一个人比他更慷慨大方了，还说，没有看见过时间富人的人就等于没有生活过。国外的人也知道了，于是，各国商人远道而来，舞蹈家、歌手、演员、使者也都来了，他们只是为了要看一看这位富人，回国后就可以对百姓说，这个富人怎么生活，他是什么样子的。

很多年后，有一个部落准备派出使者去向时间富人问好。临行前部落的人对使者说："你们要想法见到他，要设法知道他是否像传说中的那么富有，那么慷慨。"

经过长途跋涉，使者终于到达了时间富人居住的国家，他们在城郊遇到了一个瘦瘦的、衣衫褴褛的老者。

使者问他这里有没有一个时间富人？

老人忧郁地回答："有的。你进城去，人们会告诉你的。"

使者进了城，向市民问了好，说："我们是来拜访时间富人的，

所谓学习好，大多是方法好

我们很想看看这位神奇的人，准备回去后告诉同胞。"

正当使者说这话的时候，一个如老乞丐模样的人慢慢地走到他们面前。

这时有人说："他就是时间富人，就是你们要找的那个人！"使者看了看又瘦又老、衣衫褴褛的老乞丐，简直不敢相信自己的眼睛。

"你就是时间富人吗？"他们问道。

"是的，我就是时间。我现在变成不幸的人了。"老头说，"我现在是世界上最穷的人。"

使者点点头说："是啊，生活常常这样，但我们回去如何对同胞说呢？"

老头想了想，答道："你们回到家里，见到同胞，对他们说：'记住，时间已不是过去那个样子！'"

听完这个故事，你一定会停顿一下想其寓意，可是别忘了，时间在你的停顿中已经流逝了。

这个故事说的就是时间，时间就这样在我们眼前不经意地流走，而且永不回头。

我们要想成为优等生，参与到优等生的行列中，一定要培养出良好的时间观念，与时间赛跑！

看一下古往今来有成就者的时间观吧！

莎士比亚说："时间是无声的脚步，是不会因为我们有许多事情要处理而稍停片刻的。"

2000多年前，孔夫子就望河而叹："逝者如斯夫，不舍昼夜。"意思是说，时光就这样不分白天黑夜地流逝，就像这奔流不息的河水。

朱自清先生的散文《匆匆》里这样写道："洗手的时候，日子从水盆里过去；吃饭的时候，日子从饭碗里过去；默默时，便从凝然的双眼前过去。我觉察它去得匆匆了，伸出手遮挽时，它又从遮挽着的手边过去。天黑时，我躺在床上，它便很伶俐地从我身上跨过，从我的脚边飞去了。等我睁开眼和太阳再见，这算又溜走了一日。我掩着面叹息，但是新来的日子的影儿，又开始在叹息里闪过了。"

哲人伏尔泰问："世界上，什么东西是最长的而又是最短的；最快的而又是最慢的；最能分割的又是最广大的；最不受重视的又是最受惋惜的。没有它，什么事情都做不成；它使一切渺小的东西归于消灭，使一切伟大的东西生生不息？"

答案当然是时间。"时间"给懒惰者留下空虚和懊悔，给勤奋者带来智慧和力量。

克雷默说："当心你的时间是怎样花掉的，因为你的整个未来都要生活在时间里面。"

人生易老，人生苦短。人生是由我们在世上拥有的有限时间构成的。对于时间，对于人生，古今中外已有很多人说过很多有哲理的话，如今已成为我们的座右铭。

"人生天地间，若白驹过隙，忽然而已。"这是庄子的感叹。

所谓学习好，大多是方法好

诗仙李白亦感叹："恨不能系长绳于此西飞之白日。"

鲁迅说："浪费别人的时间等于谋财害命，浪费自己的时间等于慢性自杀。"

我们再看经济高速发展的西方国家的时间管理者的时间观吧！

彼得·德鲁克说："时间是最紧俏的资本，如果人们连时间都不会管理，何谈会管理其他。"

艾伦·拉克因说："谁从手上放走时间，谁就是放走自己的生命；谁把时间掌握在手中，谁就掌握着自己的生命。"

乌尔利希·席维特说："正如善于与人打交道一样，善于利用时间也是决定你人生成败的一个因素。"

爱尔兰人则用简洁明了的民谣表达了他们对于时间的尊崇：

您应抓紧时间工作，这是成功的代价。

您应抓紧时间思考，这是力量的源泉。

您应抓紧时间游戏，这是青春的秘密。

您应抓紧时间读书，这是知识的基础。

您应抓紧时间行善，这是走向幸福圆满之门。

您应抓紧时间梦想，这是升天之路。

您应抓紧时间去爱，这是真正的人生乐趣。

成功的人都是逐渐培养出这样的时间观，所以他们才能有足够的信心与时间赛跑，做到出类拔萃。

那么，与时间赛跑，怎样才能赢呢？

1. 把时间当作海绵里的水

东汉时期的董遇是个大学问家,他要前去找他求学的人先"读书百遍",之后才可能"其义自见"。当求学者抱怨说"没有时间"时,他回答说:"当以'三余',即'冬者岁之余,夜者日之余,阴雨者晴之余'也。"要充分利用寒冬、深夜和雨天学习,在古代,人们就已经知道利用余暇时间来做学问了。现代人的生活节奏越来越快,许多人都常常感到时间紧张,根本没有时间干许多重要的事。鲁迅先生曾说过:"时间就像海绵里的水,只要愿挤,总还是有的。"实际上正是如此。

有人算过这样一笔账:如果每天临睡前挤出 15 分钟看书,假如一个中等水平的读者读一本一般性的书,每分钟能读 300 字,15 分钟就能读 4500 字,一个月是 13.5 万字,一年的阅读量可以达到 162 万字。而书籍的篇幅从 6 万字到 10 万字不等,平均起来大约 7.5 万字。每天读一刻钟,一年就可以读 20 本书,这个数目是相当可观的,远远超过了世界上人均年阅读量,而且这并不难实现。

怎么样?你现在应该有阅读的冲动了吧!重要的是,不要让每天,哪怕只一刻钟,一小时的宝贵时光被我们在无所事事中浪费掉。

你常常会因为抽不出时间焦头烂额吧,你常常也会因为各科学习太繁重而苦恼吧!

所谓学习好,大多是方法好

但实际上除了大段的时间外，在我们的生活中，还有零碎的时间可以利用。把日常生活中的时间最大限度地利用，将会获得最大的收益。

在我国古代，唐宋八大家之一的欧阳修曾说过他一生所写的文章，都是在"马上、枕上、厕上"完成的。

想一想，那么多锦绣文章，传世之作也是利用零碎时间来成就的，正是这些零碎时间成就了一代文豪的辉煌一生！

你是不是也跃跃欲试，下定决心要做出一番努力呢？

还有中国现代文学的翘楚人物——鲁迅，同学们，你们一定读过他的《阿Q正传》《孔乙己》《故乡》等精彩的小说吧！鲁迅的一生，各种文体均有涉猎，除了小说外，还有大量如匕首的杂文、散文诗、翻译著作等。那么，鲁迅先生哪里有这么多时间来完成如此经典、精彩的作品的呢？他说："我是把别人用来喝咖啡的时间都用在了写作上。"

莫泊桑告诉我们说："世界上真不知有多少可以建功立业的人，只因为把难得的时间轻轻放过而默默无闻。"

我们常常这样说："噢，只有5～10分钟就要开饭了，什么事都干不了了。"但实际上，有多少身处逆境、命运多舛的人，充分利用了这些被我们许多人轻易浪费的时间，从而为自己建立了人生和事业的丰碑。那些被你虚掷的时光，如果能够得到有效利用的话，完全有可能使你出类拔萃，成为杰出人物。有着繁重家务负担的家庭主妇哈丽特·斯托夫人，就是利用零碎时间完成了那部家喻户晓的名著——《汤姆叔叔的小屋》；朗费罗每天利用等待咖啡煮熟的 10 分钟时间翻译《地狱》，他的这个习惯一直坚持了若干年，直到这部巨著的翻译工作完成为止；比彻在每天等待开饭的短暂时间里读完了历史学家弗劳德长达 12 卷的《英国史》。

《失乐园》的作者弥尔顿是一位教师，同时他还是英国联邦秘书和摄政官秘书。在繁忙的工作之余，他注意利用一些零碎的时间，珍分惜秒，坚持苦读。伽利略是一个外科医生，他以专心致志的态度和常人少有的勤勉，挤出时间从事科学研究，充分利用一分一秒的时间进行思考、探索和研究，从而为后人留下了丰硕的成果。

再例如，亨利·卡文迪什是英国伟大的化学家、天文学家、数学家和物理学家。他出生在英国，毕业于剑桥大学，他把毕生的精力都献给了科学研究事业。为了科学研究，他抓紧每一分钟，集中精力学习。由于长时间的读书，养成了性情孤独、不善交际的习惯。为此，很多人称他为科学怪人。

有一次，卡文迪什在一位朋友家里做客，席间有两位客人大赞他的才华和他在科学上的成就。他居然充耳不闻，一点反应也没有，因为一系列的实验数据正占据着他的大脑空间。当他看到人们询问的目光时，惊得手足无措，最后他离开了宴会，匆匆忙忙回到了自己的实验室，心里才踏实下来。

在卡文迪什眼里，除家里人和几个朋友之外，其他的都是陌生人。他不喜欢那些慕名而来的访问者，因为会客会打扰他的工作。在不得已会见时，他常常一言不发，眼睛总是盯在一个地方，头脑中仍然在思考着他的研究课题。

对他比较了解的一个博士说："和卡文迪什交谈，最好不要看他，而是把头仰起来，两眼向上望，就好像和天空交谈一样。这样就能听到他的长篇大论了。"

他不喜欢同时和两个人交谈，认为太浪费时间和精力。即使与人交谈，他的话题也离不开科学研究。

所有这些事例都告诉我们一个道理：要想成功，必须善用余暇与零碎时间。

你也可以留意一下你身边优秀的同学，他们是不是都十分珍惜时间呢？窥一斑而知全豹，那些班级里的优等生，他们的时间利用率也是很高的。也许他坐在那里，你以为他们在休息，实际上他却是在默想上课的内容，一点点地把知识咀嚼吸收。

这就如同蜜蜂采蜜，汲取知识，日积月累，头脑才会越来越充实。

让我们像圣诞老人那样，背个大口袋，把平时点点滴滴的知识都装进去，收藏起来。

2.学会统筹安排

统筹方法是高效的节时方法。

时间对每个人都是公平的，就看你会不会合理地利用。大凡有成就的人，都是善于安排时间的人，他们会让有限的时间发挥出最大的效用。英国文学史上著名女作家艾米莉·勃朗特在年轻的时候，除了写作小说，还要承担全家繁重的家务劳动，例如烤面包、做菜、洗衣服等。她在厨房做家务的时候，每次都随身携带铅笔和纸张，一有空隙，就立刻把脑子里涌现出来的思想写下来，然后再继续做饭。

如果你每天清晨漫步在高校校园，都可看到许多边跑步边听外语广播的学生，他们懂得了充分利用时间的奥秘。例如，许多学生认为，看原版电影是较好的娱乐方式，既可放松身心，又可学习外语。

在如今信息爆炸的时代，表面上看起来，好像专注于某件事情上比较有效，但是如果过分集中在某件事情上，就会变成不能融会贯通或赶不上潮流的落伍者。

比如说，你早上起床有几件事是一定要做的：熬粥、清理屋子、听外语、洗漱。要用掉的时间分别为：10分钟、10分钟、20分钟、20分钟，如果你没有统筹的方法来规划，那么，这个早晨你要用掉的时间会有整整1小时。而现在我们用统筹方法规划一下，可以如此安排：

洗漱的时候，我们也可以听英语，同时进行两项工作；熬粥的时候，当粥还没有熟的时候，我们立即收拾整理一下屋子，做到各项工作毫不冲突。这样，我们完成各种工作用掉的时间也不过是半小时，节省了一半的时间，而节省下来的时间可以用来复

所谓学习好，大多是方法好

习其他学科，这样分配时间是不是很高效啊？

3. 高效利用最佳时间

根据科学研究，在不同的时间里，人的体力、情绪和智力状态是不一样的。也就是说，不同学习时间里，学习的效果是不一样的。因此，要在不同的时间里安排不同的学习活动。例如，要在人生理功能旺盛、精力充沛的时候，从事最重要、最紧张的学习活动，以便最有效地利用学习时间。

首先，要根据自己的生物钟安排学习活动。科学家已证实，人体内存有体力、情绪和智力3种周期，每个周期控制着各自的机能水平。如智力周期控制着人的学习能力、记忆能力和逻辑思维能力，以33天为1个周期；人的体力大约23天为1个周期；人的情绪大约28天为1个周期。每个周期中，又区分为高潮期、低潮期和临界期（高潮期和低潮期两段起始的零线），高潮期也就是最佳时间。人的智力周期的高潮期，脑子清楚，逻辑思维能力强，工作效率高；低潮期反应较迟缓；临界期就更差。其次，要根据一周内学习效率的变化安排学习活动。一周之中，星期一和星期五临近休息日，智力机能处于较低的趋势。再次，要根据一天内学习效率的变化来安排学习活动。在一天中，人的智力也是存在周期的。由于每个人在一天当中的体内新陈代谢状况和大脑机能状况不同，最佳时间也就因人而异。有的人是白天型的，早睡早起，一觉醒来，精力充沛，大脑活跃；而有的人则是晚上型的，一般早上状态不佳，到了下午逐渐精神起来，夜幕降临时，脑细胞随之转入兴奋状态，精力专注，尤其到了夜深人静时，大脑异常活跃，学习效率很高。还有的人是混合型的，容易适应生活环境和作息制度，不管任何时候，只要经过充分休息后，就可以达到最佳状态。当然，学生的学习主要是在白天，因此，晚上不宜睡得太迟。

此外，要根据自己的工作曲线安排学习活动。学习时，随着学习的进行，人的精神状态和注意力会发生变化。一般来说，存在3种变化模式：先高后低，中间高两头低，先低后高。每个人要根据自己的模式，安排学习内容，确保状态最佳时学习最重要的内容。

4. 永远不要迟到

时间就是效率，时间就是金钱，时间就是生命。

日常生活学习中，一些学生没有遵守时间的好习惯，最常见的行为就是迟到，并认为迟到不是什么大不了的事。事实上，迟到是一件非常丢脸的事情，它是一种坏习惯。

比如说，星期六下午，你和同学约好一起去图书馆查资料，然后再去老师家做辅导。说好了1点到3点去图书馆，再辅导到6点回家吃晚饭，可是他迟到了，让你等了足足1个小时，已经完全打乱了你周末的时间安排，使你各项任务推迟，难以完成。那时，你有充分的理由生气，因为时光就在无聊的等待中溜走了。

所以，我们每一个同学都要争取做一个永远不会迟到的人！

华盛顿经常这样说："我的表从来不问客人有没有到，它只问时间有没有到。"

他每天4点钟吃饭，如果有时候应邀到白宫吃饭的国会新成员迟到了，华盛顿就会自顾自地吃饭而不理睬他们，这使他们感到很尴尬。一次，他的秘书找借口说，自己迟到的原因是表慢了。华盛顿回答说："那么，或者你换块新表，或者我换个新秘书。"

拿破仑有一次请元帅们和他共进晚餐，他们没有在约定的时间到达，他就旁若无人地先吃起来。他吃完饭刚站起来时，那些元帅来了，拿破仑说："先生们，现在就餐时间已经结束，我们开始下一步工作吧。"恪守时间是工作的灵魂和精髓所在，同时也代表了一个人的明智与信用。

守时是一种美德。有些人总是手忙脚乱地完成工作，他们总是急匆匆的样子，就好像他们总是在赶一辆马上就要启动的火车。他们没有掌握适当的做事方法，所以很难会有什么大的成就。学校生活最大的优点之一就是有铃声催你起床，告诉你什么时间该去晨读或者上课，教你养成恪守时间、从不误时的习惯。每个年轻人都应该有一块表，可以随时看时间。事事习惯"差不多"是个坏毛病，从长远来看更是得不偿失。

我们的老师总是按时给我们上课，他们就是我们学习的榜样。那些优等生更是从不迟到，所以我们要惜时守时！

如果你现在还有上课迟到的坏习惯，建议你赶紧改掉！因为恪守时间是使人信任的前提。

它清楚地表明，我们的生活和工作是按部就班、有条不紊的，它使别人相信我们能出色地完成手中的事情。恪守时间的人一般都不会食言或违约，都是可靠和值得信赖的。办事一贯准时、恪守时间的好名声，往往是成功的第一步。有了第一步，成功自然就会水到渠成。

为了珍惜和利用自己的或者别人的时间，为了能够成为一个可靠的、值得信任的人，恪守时间是非常有必要的。

我们不仅要学习做一个成绩最棒的学生，我们同样还要做一个老师和同学们都信得过的人，让爸爸妈妈为我们放心，知道我们正在长大！

早上起床的时候，告别瞌睡虫，一秒钟都不要犹豫；需要学习的时候，立即停止手头的游戏，马上拿出课本，进入状态。

这是我们今天做的承诺，我们要永远坚持下去，让我们大声说："珍惜时间，我们做得到！"

重要提示！

1. 时间是人一生最大的财富，抓住生命中的每一分、每一秒，让它们发挥出应有的价值，你将实现所有的梦想。

2. 我们的时间常常被分割成几大块，在大块时间段之间还存在着许多散碎时间，把散碎时间充分利用起来会有意想不到

　　　　所谓学习好，大多是方法好

的收获。

3.对于时间，要学会统筹规划，以最短的时间完成尽可能多的事情。

制订可行计划

我们要切实参与到学习中，最好不要忘记做一个计划。做一个计划，可以把你的学习安排得井井有条，何乐而不为呢？

如果你留心观察一下，就会发现有相当多的同学在自由支配的时间内，所进行的活动往往带有很大的盲目性和随意性。如果今天老师留得作业多，明天要考试，有些同学学习就抓得比较紧，即赶作业或考前突击复习，出现一片手忙脚乱的现象；如果老师今天作业留得少，近期也没什么考试，那么有些同学一下子就放松起来，即放学之后，球不打到天黑不回家；回家以后也常常是听音乐、看杂志、吃点心、串门、聊天、打扑克、上网、看电视等，一直玩到很晚。就是老师留的那一点点作业，不"逼"到临睡前也是不会做的。

这种毫无主动性、毫无计划性，完全由老师留的作业或考试控制的学习生活是荒唐的、低效率的，是很难把学习搞好的。

这些现象的出现，可能与缺乏远大理想有关，也可能与意志力较差有关。不过没有认识到制订学习计划的好处，也是一个重要的原因。

所以，要想成为优等生，一定要注意到学习计划的重要性，因为有了第一步的计划，第二步的实行才会更顺利！

要实现长远的学习目标，绝非一日之功，必须脚踏实地，有步骤地努力去做才行。因此，从实际出发，安排好学习时间和学习任务就十分必要了。可以说，学习时间和学习任务的科学结合产生了学习计划，实现学习目标的愿望越强烈，制订学习计划也就越迫切。制订好学习计划后，就会使自己的每一个学习行为都和学习目标的实现紧紧地联系起来，使学习行为具有明确的目的性。

长期按学习计划办事，就不必为起不起床、睡不睡觉、学不学习等琐事再付出意志上的努力了，学习生活完全达到了"自动"的境界：不起床睡不着了，不睡觉就困了，不学习就好像缺了点什么似的。这说明良好的学习习惯的养成是离不开科学的学习计划的，也可以说，良好的学习习惯是学习计划和顽强意志长期结合的产物。

制订了学习计划的学生知道，自己多玩一个小时，多聊一个钟头，将会使计划上的某项任务告吹；根据学习上循序渐进的原则，将使整个计划中的许多任务受到影响。所以，他们对时间特别珍惜，不会随便地浪费时间。

计划性强的学生，由于心中明确知道什么时间做什么事，所以不用临时动脑筋、费时间去想了。而缺乏计划性的学生，一旦坐下来，还要为该干什么事考虑半天。尤其在完成了作业以后，这种现象就更为明显，因此白白浪费了很多宝贵时间。

总之，制订学习计划可以促进学习目标的实现，可以磨炼学习意志，有利于好的学习习惯的养成，还可以避免时间的浪费。

可以说，学习计划是实现学习目标的蓝图，每一个想把学习搞上去的学生，要拿出的第一个实际行动，就是制订一个切实可行的学习计划。当你做好学习计划后，心里有了底，会感到实现学习目标只是个时间问题了。

学习计划以时间表的形式规定出每天的学习任务，能使你紧张而不忙乱，学习内容繁多却有序，从而大大提高时间的运用效率，达到事半功倍的最佳效果。学习计划的制订和实施是一种能力，也是一种良好的学习习惯，对个人来讲受益终生。

一般来说，学习计划的制订，涉及四个方面：

第一，学习时间的安排。具体规定每天的哪一段时间用于学习活动，哪一段时间安排休闲或其他活动，可以将作息时间也考虑在内。

第二，具体的学习内容。事先规定好在不同的时间段，安排相应的学习科目以及具体内容。

第三，规定学习的任务量。确定学习目标以及检验的方法，以便及时获取反馈信息。

第四，规定完成学习任务的条件、策略方法和具体措施。

在制订和执行学习计划的过程中，要避免出现以下容易发生的问题，比如：

1.时间概念模糊，影响时间利用效率

如有的学生的学习计划，时间安排过于粗略，像"晚上学习语文数学，早上学习外语"。没有明确具体的时间安排，计划实施会受到很多干扰，也缺乏约束力，降低效率。

2.学习内容不具体，缺乏指导意义

如果计划中只规定了某一个时间段学某一科目，却并未规定具体的学习内容和标准，这样的计划通常很难落实。一个好的学习计划，应该清楚地规定具体的学习内容和要达到的标准，这样才有切实的指导作用。比如计划中应规定：晚上7：00-8：00，完成作业，复习当天学习的知识；8：00-8：40，做数学练习题册的第几部分的练习；8：40-9：00，预习第二天要讲的内容。总之，内容一定要具体、明确。

3.时间安排得过于紧密，不切合实际

有些学生几乎将除睡觉、吃饭以外的所有时间都安排上学习的内容，没有考虑自身必需的休息和其他活动的时间。这样的计划一方面很难实现，另一方面因为学习内容过多，容易引发厌学的消极情绪，或因过度疲劳而影响学习的效率。

4.对于学习任务的数量和质量要求不具体

学习计划应该有一定的目的性，包括某一阶段的学习要完成的任务量和预计达到的水平，并做到及时地验收和调整，确保计划能够收到实效。有些学生的学习计划，对于学习质量、数量都不做要求，也就不会收到真正的效果。

在实际的学习生活中，学习计划的实施不会一帆风顺，而会受到种种"冲击"。一般的"冲击"有两种情况：

一是出现了自己没有预料到的必须参加、必须进行的有益活动，如集体活动，或增加的作业、临近的考试等，这时就需要调整学习计划，以适应变化了的情况。

二是出现了一些经过自己的努力，完全可以排除的困难和干扰。例如，出现了自己计划外的文体活动或其他娱乐活动。这时，为了保证计划的实施，就要努力克服困难、干扰及各种诱惑，不断约束自己的行动，使自己的行动不偏离计划中既定的学习目标和任务，直到实现为止。

既然订的是学习计划，就要多考虑学习的具体安排。不过，为了保证学习任务的完成，应当对学习生活做出全面的考虑和安排。例如，除学习以外，还要安排好锻炼身体时间、充足的睡眠时间、文化娱乐时间等，这样才能保证自己的全面发展，才能保持旺盛的精力，才能使学习生活丰富多彩，生动有趣。

制订学习计划时只考虑 3 件事：吃饭、睡觉和学习，对集体活动不管不顾，对锻炼身体不予考虑，至于娱乐和休息，计划内更是没有它们的位置。这种"单打一"的学习计划，使得学习生活单调、乏味，既影响学习效果，也影响全面发展。

有时候，表面上看学习时间不少，但真正归自己支配的学习时间却很少，为什么呢？因为老师布置的学习任务太多。相反的情况当然也存在，即表面上看学习时间并不多，但基本上可以由自己安排，原因是老师布置的学习任务比较少，那么就更需要我们很好地安排学习时间了。这时，我们可以把除上课以外的学习时间分为两大部分：一是常规学习时间，二是自由学习时间。

常规学习时间，主要用来完成老师当天布置的学习任务，消化当天所学的知识。在常规学习时间内的学习有几个特点：

（1）学习内容是最基本的。在这部分时间内，学习质量的高低直接关系到课堂学习的质量。

（2）学习的任务是具体的。主要是由老师安排的，不必自己去安排。

（3）带点强制性。就是学习任务完成与否，完成得好不好，是要接受老师检查的。

由于上述 3 个特点，所以一般在常规学习时间内，学习的效率还是比较高的。

自由学习时间，指的是完成了老师布置的学习任务之后，所剩下的归自己支配的学习时间，这正是学习计划中要做出具体安排的时间。

怎样安排这部分自由学习的时间呢？在这期间一般可以做两件事：一补课，二提高。

补课，是指弥补自己学习中的缺欠部分；提高，是指深入钻研，

所谓学习好，大多是方法好

发挥自己的学习优势或特长。不管是补课还是提高，总要围绕一个专题进行。例如，集中一个月或一周的自由学习时间专攻一个专题，解决一个专题后，再集中一段时间专攻第二个专题、第三个专题，这样学习比较容易见效。

自由学习时间内的学习效果，对改变学习现状具有重大作用，因此，自由学习时间的安排应当成为制订学习计划的重点。

对学习成绩较差的学生来说，在开始阶段，自由学习时间几乎没有或者很少，因为他们每天能完成老师当天布置的学习任务就很不容易了。随着学习水平的提高，他们的常规学习时间将会逐渐减少，而自由学习时间会逐渐增加。由于开始阶段自由学习时间较少，所以，一般学生往往不容易抓紧，这也恰恰是他们难以改变被动的学习局面的原因。

达尔文说：我从来不认为半小时是微不足道的一段时间。一个学生如果看到自己学习水平不高，或者想急于改变学习现状，那就应当以分秒必争的精神去抓紧自由学习时间。一旦利用好了自由学习时间，并且体会到抓住自由学习时间能够给学习带来好处之后，他们就会努力去提高常规学习时间的效率，以增加自由学习时间，使自己掌握的学习主动权越来越大，一个生动活泼的学习氛围就会逐渐到来。

还要把计划做得有弹性。在一段比较长的时间内究竟学些什么应当有个大致的计划。但是，由于实际的学习生活千变万化，往往不好预测，所以长远的计划不能制订得太具体。人们很难在这个月就把下个月每天干什么全都确定下来，但是，下个月在学习上应该解决哪几个主要问题，心中应当是有数的。本月的第一个星期要解决什么问题，第一个星期每天干什么，就应当制订得具体些。这样就把在一个较长时间内才能完成的学习任务分到每周、每天去了。这样安排以后，在每天学习时，心中就会明白当天的学习任务在学习全局中的地位。

有了具体的短计划，长远计划中的任务就可以逐步得到实现；有了长远计划，又可以在完成具体学习任务时，心中拥有明确的学习目标。

还要提醒同学们注意的是：在制订学习计划时，不要脱离学习的实际情况。不少学生在制订学习计划时劲头很足，但往往忽略了实际情况，结果实行起来感到困难重重，十分紧张。

什么是学习的实际情况呢？

一是自己将要掌握的知识和能力是什么。例如，在这个月的学习计划中要接受和"消化"多少知识？要着重培养哪些能力？

二是学习时间的多少。在每个学习阶段，能有多少确实可用的学习时间？常规学习时间可以安排多少？自由学习时间可以安排多少？

三是学习上的缺欠和漏洞。自己在学习上欠的"债"是哪些？在某一阶段的学习计划中可以偿还多少"欠债"？

四是老师教学的实际进度。不了解教学的进度，常规学习时间就不好安排，自由学习时间就更难以安排了。很多学生个人学习计划的"破产"，就是因为不了解老师教学的实际进度，因而使自己安排的学习任务不是过重就是过轻，还会出现自己安排的学习内容和老师的教学内容相脱节的现象。由于个人计划经常被老师的教学安排"冲击"，有的学生还会错误地认为"制订个人计划没有用，跟着老师走就行了"，结果使自己的学习缺乏主动性，浪费了大量的学习时间。

如果自己的学习计划能和老师的教学进度有机地配合好，就可以对学习起到推动作用。

计划的具体内容和实施步骤是在学习之前拟定的，是设想，毕竟还不是现实。要想把计划变成现实，还要经过一段时间的努力。

在这个过程中，自己的思想可能会发生某些变化，学习的各种条件也可能会发生变化，学习计划订得再实际，也难免出现估计不到的情况。例如，某个阶段有的学科难度大，作业多，这样计划中的常规学习时间则会增加，自由学习时间则会减少，因而计划中的学习任务就可能完不成。再如，有时集体活动频繁，占用了较多的学习时间，也会影响学习计划的实施，等等。所以为了保证计划的实现，目标不要定得过高，学习计划不要订得太满、太死、太紧，要留有机动时间，在机动时间内安排一些一旦完不成又对当时学习影响不大的学习任务，或者说，安排一些时间性不强的学习任务。

由于在学习时间和学习的内容安排上有了一定的伸缩性，就可以适应临时变化的情况，完成计划的可能性也就增加了，这也有利于增强自己的学习信心。

有的学生在制订计划时由于没有留有余地，一旦受到冲击，计划就难以实现，慢慢地还会对制订学习计划的必要性产生怀疑，有的干脆取消了订计划的做法。当然，计划中留的余地也不能太多，太多了会使自己执行计划时松松垮垮，缺乏争取完成计划的奋斗精神。

在计划执行到一定阶段以后，就应当检查一下学习效果如何，以便及时调整计划，使计划更加切实可行。

主要检查以下内容：自己是不是基本按计划做了，计划中的学习任务是否完成了，没有完成的原因是什么。通过检查，立即采取相应的措施，及时调整计划或排除干扰。可以结合写日记等方式，不断记录计划的执行情况，使自己感受到不断进取的喜悦，这样做还有利于总结和改进。不写日记的同学，起码应在一天结束的时候回忆一下当天的学习生活，以便及时调整学习计划。

总之，科学的、切实可行的并认真执行的学习计划，必将提高学习效率，增强意志品质，从而使同学们对学习的成功越来越有信心，随之而来的是在学习上获得"丰收"的喜悦。而那些不科学的、脱离实际的、为应付老师而制订的、不认真执行的计划，只是一纸空文而已。

弹好"上课的前奏"

预习是进入学习的前奏。

预习的妙处在于能够部分预测到老师要讲些什么。预习好的学生，上课前便"严阵以待"，上课时就能"知己知彼，百战不殆"；不预习的学生上课前便是"仓促应战"，上课时在时间上就"动弹不得"。预习不应是简单地走马观花，而应看作是一种独立的自学。

有的同学上课时顾得上记笔记，却顾不上听讲；顾得上听讲，就顾不上思考，其根本原因就是没有充分地预习。跑在课程的前头——预习，虽然累一些，但是却能换来一种轻松与自由感。

具体来讲，预习有以下不可替代的作用：

1. 预习让你在课堂上"如鱼得水"

谁不渴望在课堂上一路畅通无阻，明白顺利地接受新内容、新知识？但是，同学们都知道，一座楼房靠坚实的地基支撑着，二层楼又靠一层楼支撑着，没有坚实的地基，楼房就岌岌可危。我们所学的各科知识和楼房一样，都有其自身的结构和体系，新的知识总是建立在一定的旧知识的基础之上的，因此，学习应该循序渐进。每个同学的学习，其实都是在自己原有知识经验的基础上进行的，总是以自己的知识经验为基础，去解释新知识、理解新知识的。如果同学们在学习新课时，与之相关的旧知识、旧概念不会了或者遗忘了，那就意味着头脑中的知识序列出现了断裂，或者说学习阶梯中断了，其结果是对新知识不能理解和吸收。因此，我们在学习新知识之前必须预习，通过预习，准备好学习新知识所必需的旧知识，从而为课堂学习扫清障碍。

2. 助你事半功倍

有的同学"事半功倍"，而有的同学"事倍功半"，这是因为不同的同学听课的起点和接受能力是不同的。

有的同学课前不预习，上课时匆匆打开课本而对新课内容一无所知。听课完全处于一种盲目被动的状态，听天由命，一节课下来有时听懂了，有时似懂非懂，遇到知识障碍就如听天书。有的同学听课是有备而来的，课前做了充分的预习，对所学新课有了整体的了解，对新课要讲什么、重点是什么、难点是什么，心中有数。

要提醒同学们注意的是，不要认为预习就是要把教材完全搞懂，这几乎是不可能的。相反，当你发现有这么多不懂的内容时，不必气馁，这些内容往往会引起你的好奇心，像你发现了一个谜语却不知道谜底一样，你是不是迫不及待想知道答案？那么对于课堂，你就会多了一份期待，多了一份向往，上课自然会津津有味了，不是吗？

总之，通过预习不仅对新课的内容有了初步的领会，从而降低了学习新课的难度，而且大大减少了听课的盲目性、紧张感，调动了学习的积极性，有利于知识的当堂消化和吸收。

另外，预习使我们有精力去考虑更深层次的问题。如，当老师讲到预习时已经弄懂了的内容时，可以验证一下自己对知识的领会是否正确。可以向老师学习考虑问题的思路，看老师是如何提出问题、分析问题和解决问题的，学习老师的高明之处。如，有一位同学在总结自己的学习方法时说："有了预习这一环节做保障，课堂上我很轻松，思维活跃，不局限于老师讲的或书上的思路。我力求找出问题，想出自己的方法。这样，不仅有利于加深对新知识的理解，还有利于提高自己的思维能力。"

3. 预习让你一举两得

预习不仅会提高你上课的兴趣，而且还会使你的课堂小结做得"得心应手"！因为预习使你对老师讲的所有知识内容都有所规划，有的属于课本上没有的，老师补充的；有的属于非常重要的难点，使你听课后"百思才得其解"的；有的内容则很简单，在你预习时已经迎刃而解……所有不同的内容，你在做课堂笔记的时候，都会一一安排好。预习针对的环节是复习，当你做好预习时，慢慢地，你会发现你的复习也会很顺利地进行，毫不吃力。

4. 磨刀不误砍柴工

中国有句古语叫作"磨刀不误砍柴工"。其实，预习可以节省很多时间：对知识当堂的消化和吸收，可以避免上课似懂非懂，下课再重新看书学习而浪费时间；对新知识的当堂消化和吸收，也可以节省课后复习、做作业的时间；对新知识的当堂消化和吸收，还可以降低作业的错误率从而节省了改错题的时间。可见，课前拿出少量的时间进行预习，不仅使我们课堂听课轻松舒畅，效率高，而且还可以避免许多课后的无效劳动，从而节省了大量的时间。因此，课前预习并不是白费精力和时间，相反，它赢得了时间。所以，花一点时间进行课前预习，是非常合算的。此外，预习对理解、巩固所学知识等都大有益处。预习可以加强新旧知识之间的联系，正如孔子在几千年前说的"温故而知新"。我们在不断地预习中，会发现新问题是完全可以用我们以前的知识来解构、解决的，知识之间是互相融通的。

预习还有利于同学们巩固已有的知识。在预习中，为了理解新知识就要积极地追忆与新知识相关的旧知识，追忆不出来，再去翻阅旧教材。预习中常常需要复习许多旧知识，涉及的面也很广。有些旧知识是很长时间以前学过的，通过预习可以把这些旧知识重新回忆起来，不清楚的要搞清楚。预习中这种对旧知识追忆、理解的目的性、广泛性、间隔的久远性，都有利于对已有知识的巩固。再者，预习中独自琢磨新知识，琢磨通了印象深刻难以忘记。即使没琢磨通的内容，在百思不解之后带着问题去听课，豁然开朗，印象更深刻。预习中理解错误之处，在听课时得以纠正。有了正反两方面的对比，这比光是听听课，在脑子里的印象要深

所谓学习好，大多是方法好

刻得多，容易记住得多。

5.预习教给你怎样学习

随着预习的深入，我们发现的问题会越来越多，而随着问题的逐一解决，我们的收获是：我们学会了怎样学习！

同学们在校学习主要是掌握基础知识和基本技能，为将来工作和学习打下基础。同学们，你们不仅仅只在小学、初中、高中学习，将来还要进入大学神圣的殿堂学习。可能大学毕业后，还要从事各方面的研究工作，那时候，没有老师的时候，你需要的就是自学的能力。

我们不仅要学习各科知识，我们更应该学会的是学习的方法。有一个故事——

从前，有一个老人，他会一种"点石成金"的技能。有一天他问一个小伙子："你要多大的金子？"聪明的小伙子是这样回答的："我要你的手指。"

对于学习来说，学习方法就是"点石成金"的手指。

聪明的人都应该明白古人说的"授人以鱼，不如授之以渔"的道理，所以，预习不仅为现在的学习服务，预习的方法也为今后的学习打下基础！

要想认真预习，取得可观成绩，我们必须做到以下几点：

1.课间 10 分钟做点事

课间 10 分钟我们应该为上课做点准备。

有无准备，准备充分与否，效果大不相同。课前准备有 4 种，就是：心理准备、身体准备、物质准备、知识准备。

预习主要是知识准备。具体讲，就是学生在老师讲课之前，独立地自学新课内容，做到对教材内容的初步了解。

优等生之所以成为优等生，原因就在于他们良好的学习方法。学习方法也是针对学习过程的各个环节准备的。当然，预习就更不会错过了。无论下一课的内容是简单明了，还是晦涩艰深，他们都会提前浏览一下书，做到心中有数，上课时就有重点，有目的地去听课。很多同学存在这样一个误区，他们认为自己学习不好，预习根本弄不懂，认为预习只是优等生的事情，习惯于"上课听老师讲，课后围着习题转，考试之前拼命干"的残缺式的学习方法。这种缺少预习环节的学习方法，在小学时由于知识比较简单，没有暴露什么问题。但这并不能说明预习不重要，只是问题没有充分暴露而已。

我们在课间最后几分钟的时间里，完全可以浏览一下书，至少对所上课题有个大致的了解，这不是很好吗？

2. 要有"好奇"的态度

预习时，先用好奇的态度接触你手中的书，使自己对新课心中有数。初步知道新课中哪些是一看就懂的，哪些是看不懂的，然后带着这些问题去细读第二遍。

所谓学习好，大多是方法好

有的学生预习时往往提不出问题，但是提不出问题并不意味着没有问题。爱因斯坦说得好："提出一个问题，往往比解决一个问题更重要。"从某种意义上说，学习的过程就是一个不断提出问题，不断解决问题的过程。"学贵有疑，小疑则小进，大疑则大进。"只有能提出问题，才谈得上解决问题。善于在预习中提出问题，是自学能力增强的标志之一。善于提问要建立在勤于思考的基础之上，古人云："学而不思则罔，思而不学则殆。"预习时，一定要开动脑筋，拓展思维，质疑问难，多问几个为什么？做到勤思之，多问之，善学之。

3. 要用你的耐心

做任何事都离不开我们的耐心，预习也不要仅限于"浅尝辄止"。有时，我们不妨把预习的节奏放慢，再放慢，用我们的耐心仔细地从各种角度周全地去思考问题。不要被动，而是要主动地查阅一下工具书，用耐心争取多搞懂几个问题。我们的耐心总会有所回报！

4. 不要忘记动动笔

不要对自己的记忆力过于自信，有时不妨多动动笔。动笔把自己想到的随时记下来，因为对于我们来说，课业信息量是非常大的，我们不能保证我们能把每一科的各项知识点记清楚，我们要依赖一定的记录来提醒我们的记忆。

不要不好意思，往往优等生的记录更加烦琐。他们也并不是总记录一些深刻的问题，有一些基本的知识被记录下来，也会多多益善！

毛泽东有一句名言，叫"不动笔墨不读书"。所谓"动笔墨"有以下几种做法：一是预习时用符号在书上进行"圈、点、勾、画、批、问"；二是随时将课本或其他学习资料中的精彩之处摘抄下来；三是利用日记、周记或片断作文经常写一写心得体会，其中第一点尤其不容忽视。做笔记时如果是课本则用铅笔，以便改正，并用统一的符号以便检查。

5. 要善于发现

预习中，一定要把新课内容的重点和疑点找出来，然后把重点和疑点带到课堂上去。课堂上，当老师讲到自己所找的重点和疑点时，一定要认真地一边听、一边思考，听出老师讲解的思路。等老师讲解后，有些问题仍不明白，就要抓紧时间和机会向老师发问，直至把预习中找出的疑点弄明白为止。

6. 要多翻一翻身边的工具书

在预习中要解决那些自己不能解决的问题，除了向老师、家长或同学请教外，还要学会使用工具书，如字典、词典及其他相关的参考书。会用、善用字典等工具书，才能提高预习效果，保证预习质量，消化学习成果，提高自学能力。

随时翻一翻身边的工具书，好处是很多的。也许你的本意只

　　所谓学习好，大多是方法好

是查一个词语，但是参看字典以后，你认识的广度与深度都将拓展。你停留的不再是一个层面，日积月累，想不"渊博"都难！

7. 一个人预习

预习的好处是让你更投入，更独立地学习。没有人打扰你，没有人影响你的思考，你的独立能力会得到突飞猛进的提高。

8. 注意循序渐进

预习时，不要一下子全面铺开，全面预习是不现实的，一是时间难保证，二是精力难保证，三是质量难保证。预习要先列出不明白的地方，时间更紧迫时，就先把新课快速阅读一遍。不要认为作业时间紧，就放弃预习。

9. 从学科的特点出发

每个学科的特点不同，所以要"量科定做预习方法"，就是针对不同的学科，采取更为有效的预习方法。比如说，英语的预习，我们要查清新单词的意义、读法及用法，对新出现的语法现象，都要用心研究，提高预习的效果。

这里，我们着重介绍语文和数学的预习。

语文课是由一篇一篇内容上下相关联的文章组成的，它的知识连续性主要表现在字、词、句的含义和语法上。语文课的目的，一是学习语言，二是锻炼分析、综合的思维能力。

首先，通读课文。课文一定要通读，而且应该朗读。朗读不仅训练自己的发音，还可以通过语气的变换，加深对课文的理解。

其次，过好字词关。读课文的时候，把课文中不认识的字、不会解释的词、不易理解的句子勾画出来。

书上没有注解的字词，可以查一查字典、词典，特别是一些似懂非懂的句子，要搞清楚。还要初步分析课文，了解课文的大概意思，识别层次与段落。遇到写得好的地方，也可以在课文空白处画上符号，老师讲到此处时就格外注意一下。

最后，尽可能归纳中心思想，用笔把归纳的内容记下来。上课的时候，和老师概括的中心思想相对照。

经过上面4步，找准了自己听课时的重点、疑点和难点，一篇课文的预习就基本解决了。另外，要把思考贯穿于整个预习过程中。

数学课的重要特点是知识的连续性特别强，所以集中时间做阶段预习，学期预习、学习效率会更高一些。我们的优等生通常会亲自推导公式，通过自己独立地分析问题和解决问题，可以发现自己的知识准备情况。通常，推导不下去或推导出现错误，都是由于自己的知识准备不够，要么是学过的忘记了，要么是有些内容自己还没有学过，只要设法补上，自己也就进步了。

数学中大量的定理、定律、公式、常数、特定符号等，是学习数学的最重要的内容，是需要深刻理解，牢牢记住的。所以，在预习的时候，要把这些内容单独汇集在一起，每抄录一遍，则加深一次印象。上课的时候，老师讲到这些地方时，把自己预习时的理解和老师讲的相对照，看看自己有没有理解错的地方。

试着做一下课本上的练习。之所以说试做，是因为并不强调要做对，而是用来检验自己预习的效果。预习效果好，一般书后所附的习题是可以做出来的。

重要提示！

1. 课前预习十分重要，可以让你上课时有备而战，有的放矢，针对自己理解不够透彻的知识点与老师进行深入交流。

2. 课前预习还能培养自己主动学习，主动思考，主动解决问题的良好习惯，为日后自主工作打下基础。

现在就举手

在课堂上，老师会经常要求我们积极举手发言。但是有许多同学难以做到这一点，有的甚至压根就没举过一次手。这对于学生个人来说，不能不说是一种损失，因为课堂发言并不只是为了活跃一下课堂气氛，课堂发言对提高课堂效率也有着不可替代的作用。请听下面一位学生讲述从不发言到踊跃发言的感受和体会，从中你会发现课堂发言多么必要：

"记得我刚进中学那会儿，一切都很陌生，上课怯怯的。特别是语文课，当老师提出某个问题时，总是不敢举手发言，怕说错，希望老师不要叫自己，希望快叫别人，好记下标准答案。渐渐地，我习惯于默默地坐在一角，看别人唇枪舌剑，还自以为毫无损失。时间嘀嗒嘀嗒过去了，我的宝贵的语文课，也就在听讲与抄写中默默地度过，上课的内容虽整整齐齐地留在笔记本上，但在头脑中却只有模糊的感觉。于是，复习成了灾难，那些冗长的分析，都得逐字逐句地背，常常是前背后忘，苦不堪言。尽管如此，考试成绩始终不理想。

"后来我发现，每次考得好的同学，大都上课经常举手发言。是不是上课发言有助于提高听课效率呢？

"于是，有一次，我悄悄举起了手，迈出了这一步。以后每节课，我都逼着自己一定要举手，说错就说错，这次说错，下次再来，学习哪有不出错的呢？因为有了要发言的意识，所以便很自然地想要抓住老师说的每一句话，同时逼着自己努力思考，并抓住每一个发言的机会。一定要抓住每一次的机会，它带给我的好处是极为明显的。

"首先，是学会用语言表达自己的理解。有时，心里有一种感觉，却很难讲出来，如果不经常锻炼口头表达能力，永远处于一种混沌的状态，遇到考试也只能挥笔千言词不达意。然而，站起来讲与自己坐在座位上糊里糊涂地想，却是大不一样。它不仅帮你弄清了思路，也迫使你渐渐学会用简练的言语表述思想，这于你的口才，以及今后的答题都是一种锻炼。

所谓学习好，大多是方法好

"其次，发言的过程有助于记忆。因为你动了脑筋，举了手，发了言，也许说错了，引得大家笑；也许讲得好，被老师肯定；也许与大家观点不一，引起'学术争论'……这一切的课堂活动，都是帮你记忆的'催化剂'，它们使你很自然地就把那些要理解、要掌握的东西记在心里。到复习时，只需一看书，所有的记忆便会自己跳出来，无须死记硬背，便接通了大脑电路。

"再次，能促进思考。举过手，发过言，还有重要的一环是'听'，当你谈完自己的理解，老师势必要完善答案。他也许会针对你的回答，做个评价，补充回答要素，或把语言重新组织一下；有时，他也会另请几个同学回答。这个时候，你就该竖起耳朵，仔细听一听老师怎么说，别人怎样理解，边听边比较，他们的说法与自己的有什么不同、自己漏了什么、哪里说得不精炼……这样边比较，边总结，自然就加深了理解，同时也训练了思维。"

从这位同学的经验可见，积极举手发言对课堂学习效率的提高有着十分重要的作用。除上面讲到的几点之外，上课积极发言对于凝聚或维持注意力，锻炼自己的言语表达能力，培养自信心都是很有好处的。说到底，上课举手发言，实际上是一种很有效的学习方法，既然这样，我们为什么不使用它并把它变成自己的学习习惯呢？

优等生在课堂上的状态总是很积极，不走神。他们做的很重要的一件事就是积极举手发言，与老师形成互动，提高自信心。

要做到踊跃举手发言，要克服几种心态：

1.畏惧心态

那些学习有困难的学生，常把老师对自己的提问当作"苦差事"，久而久之，就形成了对举手发言的畏惧心理；而一些对口头语言表达缺少自信的学生，也因自己无法正确、清晰、如愿以偿地表达自己的见解而害怕发言，从而也使自己的发言能力愈加得不到发展，形成恶性循环。

不要担心回答错误，你只是要证明你在听课，你的大脑在思考。不要因为别人想不出问题的答案就保持沉默，如果你在思想上认为一件事是不可能的，你在行动上自然就不会去做，自然就不会有什么好结果。

2.依赖心态

有些学生基础不好，却不愿让老师从发言上看出自己学习上存在的缺陷，极想给老师留下好印象；有些学生则缺乏自信。这些学生发言时往往表现得磨磨蹭蹭、遮遮掩掩，他们并不急于思考答案，而是依赖别人，希望从老师或其他同学的提示中取得现成的答案。

3.应付心态

这类学生在教室里默不作声，对老师的提问不做任何反应，偶尔举手也是"随大帮"地应付，要是点名发言，不是慌乱作答，就是站起来不动嘴皮，等待批评。产生这种心态的原因很复杂，有的是因个性造成的，有的思维有障碍，有的对老师和本门功课的学习缺乏兴趣。

4. 被动心态

这类学生上课基本能集中注意力听讲，但发言被动。造成学生发言被动的原因可能是由于胆量、性格、知识水平的制约，发言欠踊跃；也可能是认为提问反正有人回答，与自己无关，只是在老师的暗示下，不得不发言；也可能是并非课堂因素影响，如家庭的特殊变故，同学之间的矛盾冲突等影响了发言的心境。

同学们，告诉自己，现在就举手。战胜自己的行为障碍，最重要的一点是不要长时间地自我折磨。

当你想发言的时候，不要犹豫不决，勇敢地站出来，不要总在那里等啊等啊，在那儿苦苦折磨自己。你要相信，发言前你是紧张的，当你站起来，战胜自己后，你会进入状态。如果你总是折磨自己，每一次失败都会产生强烈的消极的影响，长此以往，你就容易形成懦弱的性格了。

比如说，体育比赛前感到紧张，可是跑开后，你就只知道累了。

所以现在就举手，现在就站出来，现在就大声说话！

你赢了你自己，你做到了优等生做到的事情！

反过来说，一个作家写的书，如果没有一个人读，这个作家再也不会写书了；球场上，一个人有一个无比精彩的投篮，但是没有人看到，没有人为他喝彩，他的精彩表现还有意义吗？他会告别球场的。

如果你总是沉默，你的想法永远不会有听众。

当你没有听众的时候，你永远是落寞的。

打开你的窗子，让你的想法赢得掌声，好吗？

你需要别人的认可，你的进步大家会为你祝福！

课堂效率百分百

要想提高课堂时间效率，必须做到以下几点：

1.心理准备

有的同学只要一进入课堂就腻烦，见到老师进教室就反感，觉得上课没意思，完全没有求知的欲望和向老师学习的谦虚精神，总盼着快点下课。这是一种厌学的学习心理状态，在这种心理状态下，课堂学习往往收效甚微。

有的同学进了课堂，觉得老师讲课有意思时就听，认为没意思时就不听，或不好好听，上课时做他们自己的事或想他们自己的事，缺乏积极进取的精神，表现出一种无所谓的心理状态，这种心理状态当然会使课堂学习效率大大降低。

有的同学一见老师进教室就分外高兴，总盼着上课时能向老师学点新知识，解决些新问题，老师在他们的心目中占有很重要的地位，这种对学习如饥似渴的、积极的学习心理状态，能够极大地提高课堂的学习效率。

2.知识准备

知识准备主要通过预习来完成，预习时能了解新课的知识系统，排除听新课的知识障碍。

如果上课时因为涉及"旧"知识、"旧"概念，而使自己出现听"天书"的现象，那就说明上课前的知识准备没有做好，需要及时调整。

3.物质准备

物质准备就是把上课用得着的书、练习本、笔记本和其他学习文具在课前准备好，以免上课时因为寻找这些用具而影响听课效果。有些高年级的同学由于放松了对自己的要求，课前准备做得反而不如低年级的同学。每个同学都应当养成上学前整理好书包，上课前做好课前准备的良好学习习惯。

4.身体准备

上课要靠大脑来思考问题，因此，大脑的机能状态直接关系到上课的效果。要使大脑处于最佳的机能状态，就要保证充足的睡眠和充分的休息。

有一篇文章把人的生活分为两种类型：一种是百灵鸟型，主要特点是早睡早起，白天精神特别好；一种叫猫头鹰型，主要特点是晚睡晚起，夜里精神特别好，而白天上课时精神很差。这种分类方法比较形象通俗。由于课堂学习是在白天进行的，因此要求同学们白天的精神必须饱满，可见，百灵鸟型的生活方式比较符合课堂学习的需要。

睡觉晚的原因很多。有的同学意志薄弱，贪玩，不抓紧时间学习，结果把功课全挤到了晚上；有的同学晚上看电视、上网没有节制；还有的同学因为学习水平低、效率低，所以需要的学习时间长，只好开夜车。

有的同学由于睡得晚，早晨感到又困又乏，为了不迟到，勉强起床，急急忙忙赶到学校。这样一来，往往又挤掉了早饭时间。因此，很多同学上午的四节课是在先困后饿的情况下度过的。为了遵守课堂纪律，这些同学要不断地与困乏和饥饿做"斗争"，学习时严重分心，很难做到跟着老师的启发思考问题，学习效果很差。严重时，还会在上课时打瞌睡，自动退出课堂学习，使听课的连续性遭到"破坏"，以致一天的课堂学习毫无所获，只得课后重新补课。这又使晚上的睡眠时间更加难以保证，形成恶性循环。

不少同学不明白，为什么过了一个假期，开学第一周反而特别累。其实原因很简单，因为假期中对自己放松了要求，放假第一天就睡得很晚，第二天早晨又想着不上课了，结果起得也很晚，从此就开始了晚睡晚起的假期生活。开学了，一下子要从晚睡晚起调整到早睡早起，使实际睡眠时间得不到保证，结果第一周就会感到很累。经过一周左右的调整，又恢复了早睡早起的正常学习习惯，才使学习生活重新走上了正轨。

有些住在家里的同学，自控力差，晚上睡得很晚，实际上过的是晚睡早起的学习生活。结果长期睡眠不足，饮食不当，使课堂学习的效率一直很低，少数人甚至因此而搞垮了身体。

如果观察一下优等生的上课表现，就会发现他们有一个共同的特点：精神饱满，全神贯注，根本见不到他们打瞌睡。所以，一定记住要努力提高我们的课堂听课效率！

重要提示！

1.课堂是获取知识的主要场所，提高课堂效率十分重要。

2.所有的优等生都善于积极为提高课堂效率做好各种准备。

爱写作业的理由

闭上眼睛想一想，你的作业本上全是优，是不是很有成就感？

当你的作业本成为范本，被大家互相传看，被誉为精品的时候，你开心吗？

每一个优等生都爱写作业！

作业不是沉重的负担，它可以检测自己听课的质量，体现一天学习的收获。作业是对课堂学习的巩固，是知识营养被反复咀嚼、消化的过程。它像吃饭、睡觉一样，是很自然的一件事。

我们认真地总结了优等生喜爱写作业的理由。

1. 检查对所学知识的掌握情况

几乎在每一堂课上，老师都会给我们布置一定数量的课内作业（或称课内练习）和课外作业。

我们做作业可以巩固记忆，加深理解和增强实际运用知识的能力。因为无论是课内作业，还是课外作业，完成作业的过程都需要通过我们的独立思考，自觉灵活地分析问题和解决问题，使知识得到具体的运用。

我们也可以从老师给我们的作业批改情况中获取重要信息，这种信息反映了我们掌握知识和能力发展的情况。如果我们能够根据老师的作业批改情况（即得到评价过的学习结果），及时地反省自己的学习过程，便可提高自己的学习策略水平。

2. 加深对知识的理解

毫无疑问，我们通过课内练习或者课外作业，可以加深对所学知识的巩固和理解。我们要正确地完成作业，其先决条件便是要真正理解所学习的知识内容。否则，就会出现书能看懂，就是不会做作业的现象。

掌握知识是十分重要的。一定的知识基础一方面是后续学习的先决条件，另一方面是能力发展的载体。我们在课堂学习中虽然也能够理解知识，但我们接受知识、加深理解的过程（也就是通常所讲的"消化知识"的过程）大多数还是在完成作业的过程中实现的。

所谓学习好，大多是方法好

3.运用所学的知识解决具体的问题，培养思维能力

我们通过学习，可以把所学的基本知识、基本理论，通过运用一定的学习方法、学习策略，将其和实际问题结合起来，形成技能技巧，培养分析问题和解决问题的能力。那么，完成作业的基本过程是什么呢？

让我们从以下的方法中学习做一个作业高手！

首先明确4个步骤：准备，审题，解题，复查。

准备阶段要做好"过电影"的环节，把白天讲课的内容回想一下，还要在做作业之前，再整理一下笔记。有的同学做作业耗费的时间很多，主要的原因是上述环节"欠了债"。学习是环环相扣的，准备阶段没做好，做作业就困难了。

审题阶段就是认真阅读，正确理解题意。题目中的每一个字、每一句话，以及每一个符号、每一个数据都要看清楚，看准确。因为题目一旦看错了，后面的全部工作就都错了。例如作文，如果把文体搞错了，或者漏掉了该写的东西，那么就得重新做。这里的"清楚"和"准确"有两层含义：一层是看得准确，另一层是含义理解得准确。

审题时不要图快，要慢一点，以便审题仔细。审题要求仔细而不粗，全面而不漏，准确而不误。此外，要逐步摸清不同学科、不同类型的题目审题的具体步骤和要求、方法。

审题之后把解题的思路用书面形式表达出来。在动笔或动手做之前，先要动脑筋构思。构思是非常重要、必不可少的，构思

的任务，就是想好解题的思路、步骤、方法。比如一道政治题或历史题，应当从几个方面去回答，先回答什么，再回答什么。比如数学题，第一步求什么，第二步求什么，都要先想好。想好以后再下笔去写，动手去做，就能较快较顺利地完成。做题时，要求按各学科的格式去做，书写工整，整洁干净，一次做对，并逐步提高解题速度，又快又准。这里需要特别提出的是，现在许多中学生用计算器进行计算，这种图省事的办法，将大大降低中学生的运算能力。一旦没有计算器，将会出现计算性错误。

复查阶段是指在作业做完之后，要从头到尾检查一遍，自己判断作业做得对不对。

做作业是运用知识解决问题的过程，但我们的目的是能够正确地运用知识，正确地解决问题。解决问题错了，同不能解决问题一样，都是不可取的，都不是我们的目的。因此，必须使作业做得正确。审题、构思都是为了达到这个目的，但最后的结论、答案是否正确，还要注意检查、验证。这一点我们在做作业时往往忽视了。检查是保障作业质量的重要手段。

检查的方法有许多，主要有：一是逐步检查法，即按照做题的顺序，一步一步进行检查，看有无错误。二是核对法，即把做出的答案同参考答案或书上内容进行对照，看有无错误、遗漏。语文、政治、历史、地理等学科的习题答案有时可以在课文中找到。除了和书对照外，也可以同其他同学的答案对照，看有无不同。三是代入法，即将结果代入公式中，看是否合理。不同的学科还有许多不同的检查方法，要注意摸索、归纳、总结。

复查之后，如果还有时间，不妨动脑筋归纳提炼出一般的解题路子，以求举一反三。如果检查中发现了错误，除了立即更正，一定不要忽视找出错误的原因。

此外，还要注意克服写作业过程中常见的几个不良习惯：

1. 边听音乐边写作业

有的同学平时写作业时喜欢一边听着音乐一边写，觉得这样效率才高。但是到了上课的时候，甚至到考试时会感到自己怎么也紧张不起来，别人都在奋笔疾书，自己脑子却像缺少润滑油似的，平时许多会做的题也想不起来了。为什么会出现这种现象呢？这是因为平时写作业时音乐会使大脑兴奋起来，久而久之，就形成了一种条件反射，上课、考试时，没有了音乐的刺激，大脑就兴奋不起来了，这种不良的作业习惯会影响听课和考试的效果。

2. 注意力不集中

有的同学平时考试成绩挺好，但到了大考时成绩就不理想了，这也和平时写作业的习惯有关系。平时写作业注意力不集中，拖拖拉拉，一道题可以想半天，可到了考试时因为题量比较大，时间有限制，不允许你慢慢去想，这样就会不由自主地紧张起来，因而影响到考试成绩。

怎样克服这种情况呢？平时写作业最好给自己规定一个时

间，在限定的时间内，要完成多少任务。例如一个单元的练习，再分解为一道难题大概几分钟，简单的题大概几分钟；在这个时间段里，还要像上课一样，不做和写作业无关的事，如吃东西、上厕所、说话、看电视、听音乐、摸别的东西等。要有一种紧张感、节奏感，平时养成习惯了，考试时自然就不会感到紧张。

3. 写作业动作太慢

有的同学也知道写作业要讲求效率，可动作就是快不起来，写字、思考问题都非常慢。体育差、不爱运动、手脚笨拙、协调性差的孩子写作业容易出现这种情况，这是因为他们的运动能力和协调性比较差。要解决这个问题，就得经常训练自己的运动协调性，多参加游泳、跳绳、打球这样的体育活动，不能因为时间紧就不参加任何锻炼。磨刀不误砍柴工，只有动作练得快了，学习效率自然才会提高。

4. 厚此薄彼

有的学生在做自己喜欢的、学得好的科目作业时，就比较主动、认真，而对自己学得不好的，或者不喜欢的科目，作业就做得马虎，只为了完成任务。这个态度是要不得的。

写作业不仅仅是为了完成老师布置的任务，还应该找出自己的弱项，针对自己的不足，比别人多下功夫才能进步。另外，不能把时间都花在自己喜欢的科目上，回避自己不喜欢的科目，这样做的结果只能是弱项越来越弱，差距越来越大。

重要提示!

1.写作业能检查你对知识的掌握情况，培养运用所学知识解决实际问题的能力。

2.做作业时要培养良好的习惯，尽力克服一些毛病。

科学养脑，科学用脑

学习依赖我们的大脑，要想有好成绩，就要学会科学养脑，科学用脑。先来告诉你，吃什么东西能促进智力的发展吧。

一个人是否聪明，尽管有遗传、教育、环境等多方面因素的影响，但饮食对大脑的影响是至关重要的。那么，我们怎样才能使大脑获得更理想的养料呢？

健脑益智的主要物质有：蛋白质、维生素、碳水化合物、脂肪、微量元素等，它们主要来源于食物，营养的摄取直接影响神经物质的合成。

蛋白质是构成脑细胞及智力活动的基础物质。

维生素是帮助大脑学习与记忆的能手。

碳水化合物被誉为大脑活动的能源。

脂肪是大脑记忆的润滑剂。

相应地，要促进自己智力的发展，就必须在日常饮食方面注意：以大米、面粉、玉米、小米等为主食，保证脑细胞的重要热能来源，因为由食物转化的葡萄糖供给热能最快。

注意多吃些鱼、蛋、奶、瘦肉。脑中氨基酸的平衡，有助于脑神经功能及大脑细胞代谢。

要注意脂肪酸的摄取。这种脂肪酸在大豆油、芝麻油、花生油等植物油中含量丰富，以核桃脂肪质量最优。

还要注意水果、蔬菜和粗粮的摄取。这类食物富含维生素和食用纤维，对大脑具有营养保健作用，可使智力活跃，精力充沛。

微量元素和常量元素也是大脑不可或缺的，缺碘会导致甲状腺功能低下而烦躁不安。海带与紫菜中富含碘；锗在人体内参与遗传过程，强化智力，有"智慧素"之称，在人参和天然矿泉水中含有；锌是大脑蛋白质和核酸合成必需的物质；铁对大脑感知关系密切，因为大脑营养源基本是从新鲜血液中供给，动物肝脏、豆类食品、黑豆、黑木耳、黑芝麻、红糖等食品中富含铁；钙对大脑来讲，可抑制脑神经异常兴奋，使大脑进入正常工作与生活状态。

适当安排好进食时间，形成良好的进食习惯，保证充足的营养，对促进智力发展是非常重要的。

还要告诉你，为什么不良生活习惯会损害大脑——

专家经过研究发现，一些不良的生活习惯会对大脑造成严重的损害。

所谓学习好，大多是方法好

长期饱食会导致脑动脉硬化，出现大脑早衰和智力减退等现象。现代营养学研究发现，进食过饱后，大脑中被称为"纤维芽细胞生长因子"的物质会明显增多。这些纤维芽细胞生长因子能使毛细血管内皮细胞和脂肪增多，促使动脉粥样硬化发生。

不吃早餐使人的血糖低于正常供给，对大脑的营养供应不足，时间长了就会对大脑有害。而且，早餐质量与智力发展也有密切联系。据研究，一般吃高蛋白早餐的儿童在课堂上的最佳思维期普遍相对延长，而食素的儿童情绪和精力下降相对较快。

甜食吃得太多的儿童往往导致智商较低。这是因为儿童脑部的发育离不开食物中充足的蛋白质和维生素，而甜食会损害胃口，降低食欲，减少对高蛋白和多种维生素的摄入，导致机体营养不良，从而影响大脑的正常发育。

长期睡眠不足或质量太差，只会加速脑细胞的衰退，聪明的人也会变得糊涂起来。

大脑中有专司语言的叶区，经常说话也会促进大脑的发育和锻炼大脑的功能。应该多说一些内容丰富、有较强哲理性或逻辑性的话，整日沉默寡言、不苟言笑的人并不一定就聪明。

大脑是全身耗氧量最大的器官，保证充足的氧气供应才能提高大脑的工作效率。用脑时，特别需要讲究工作环境的空气卫生。由此推理，蒙头睡觉时，棉被中二氧化碳浓度高；氧气不足，或长时间地待在污染的空气中，对大脑危害极大。

此外，在身体不适或患疾病时，勉强坚持学习或工作，不仅效率低下，而且容易造成大脑损害。

了解了这些危害大脑健康的不良生活习惯之后，在学习、成长的过程中，我们就要自觉地加以避免，注意用脑的卫生。

科学养脑很重要，科学用脑同样也是非常重要的。那么，我们应该如何科学用脑呢？

有的同学脑子越用越灵，思维越来越活跃，触类旁通，非常聪明；而有的同学却越来越糊涂，思维就像一团乱麻，理不清，道不明。他们之间的区别，其实就在于善不善于用脑。

学生时代是一个学知识、给大脑"充电"的时代，有紧张的课业任务要完成，又是一个身心剧烈发展，需要运动变化的时期。所以，科学合理地用脑对自身发展显得尤为重要。

善于用脑的人注意劳逸结合，动静交替，经常变换脑力活动的内容。如复习功课时，可以文理学科交替复习。

实践证明，交替复习，可以延缓大脑疲劳，比长时间读一门功课的效率高。自古就讲"文武之道，一张一弛"，脑力使用也必须遵循这个规律。在课后要及时复习，强化所学知识在大脑皮层中的作用，这比过一段时间再复习效果要好。

许多有成就的学者都懂得交叉用脑，让大脑交叉兴奋。例如，马克思在写《资本论》时，常常是借助读外文和演算数学题来驱散疲劳；达尔文在进化论的研究中，以阅读马尔萨斯的《人口论》作为休息；鲁迅在创作感到疲倦时，就会读点政治、经济、历史、地理、考古、文物等方面的书籍。

只有像土地的交替轮作那样，合理地运用我们的脑力，才会使它永不枯竭。

此外，脑子越用越灵是建立在合理使用大脑的基础上的，而如胡思乱想、过于紧张、超负荷使用大脑，对大脑是十分不利的。

头脑敏锐的人有遇事多想多问的习惯，他们先想后问，使神经系统充分发挥作用，使人的思维更敏捷，记忆更深刻。他们热爱生活，对周围的事物充满兴趣，常常参加课外活动，接触大自然和社会，以开阔眼界，增长智慧。

在生活和学习过程中，每个同学的最佳用脑时间并不一样。搞清楚自己的最佳用脑时间，合理地用脑，非常有利于我们提高效率，发掘大脑的潜力。

中医认为：人体 12 经络的运行，在一天 12 个时辰里，各有盛衰之时。

一般来讲，经过一夜的睡眠，大脑对前一天接收的信息进行了整理，消除了杂乱无章的东西，多数人在早晨到中午这段时间里的记忆效果明显。也有人认为，夜晚学习后，立即睡觉，大脑皮层随之转入保护性抑制过程，没有新的信息干扰，所以，晚上的学习效果好。

其实，哪段时间用脑效果最佳，在很大程度上取决于个人的用脑特点和习惯。

当你觉得疲劳的时候，让大脑放松，滋养生息，获得营养补充脑力；当你精力充沛的时候，积极开动脑筋，进行记忆和思考，使兴奋的神经用在该用的地方。遵循大脑兴奋和抑制的规律，该学习的时候学习，该休息的时候休息，大脑就会变得越来越聪明。

还要纠正一个错误的认识，那就是做梦会影响大脑休息。

我们常听有人说："这几天总是整夜做梦，休息不好，白天没有精神。"

睡觉时做梦，果真影响大脑休息吗？答案是否定的。

睡眠是一种生理现象，通过睡眠可以使整个机体得到充分休息，而梦也是睡眠时所产生的一种生理现象。睡眠与做梦好比形与影的关系一样，是分不开的。

睡眠可分为两种状态，一种是慢波睡眠，一种是快波睡眠。人在入睡之后，必须经过慢波睡眠方可转入快波睡眠，然后这两种睡眠状态要交替出现 4 ~ 6 次。每一次慢波睡眠 60 ~ 90 分钟，快波睡眠约 15 分钟。在这两种睡眠状态下所显示的脑电图有很大差别。

一般认为梦是在快波睡眠状态中产生的，如果此时被叫醒，他会说他正在做梦，而且内容生动离奇，记忆清晰；如果是在慢波睡眠状态下被叫醒，则很少有人讲在做梦。由此可见，做梦是睡眠时脑的正常活动。在正常的情况下，梦并非有害，也不会影响大脑休息。由于对梦境的回忆，有很大的个体差异，所以，有的人说他从不做梦，实际上是他遗忘了。

如果有的人说一夜总是在做梦，那是因为他醒来时，刚好是在快波睡眠状态或刚刚进入慢波睡眠状态。

至于有的人说总是做噩梦，那就和白天的精神状态有关了。如果白天焦虑不安、恐惧、抑郁，则往往做噩梦，反之亦然。这就是人们常说的"日有所思，夜有所梦"，"要想睡得好，白天勿烦恼"。由此可见，把白天的萎靡不振和不快都归咎于夜间做梦是不对的。

　　曾获诺贝尔生理学及医学奖的英国人克里克指出，"只要做了梦，人的头脑就会灵敏"。他认为，做梦可以消除大脑中无用的信息。如果不做梦，就无法对白天接收到的千万条信息进行筛选和去粗取精，那样反而对大脑有害。

　　加拿大的研究者也发现，那些做梦时间长的学生，学得快，也记得牢。道理很简单，既然做梦是一个温故知新，刷掉不必要记忆的过程，做梦多的人记忆力当然就好了。以色列神经学家卡尼的最新研究表明：做梦能使睡前几小时学过的知识更容易记住。所以，做梦是人自身的一种需要，做梦有很多的好处。在日常生活中，我们完全没有必要因为做梦多而苦恼。

　　科学用脑的习惯和方法都是逐渐养成的，如果你希望有胜人一筹的大脑，就应该从小处着手，从现在做起。

重要提示！

　　1. 科学养脑要注意各种营养的平衡。多吃些鱼、蛋、奶、瘦肉类食物，有助于脑神经功能及大脑细胞代谢。

　　2. 科学用脑是指要注意劳逸结合，不可过度用脑，导致脑疲劳，甚至神经衰弱。其次，要掌握自我大脑的兴奋规律，抓住大脑最清醒、精力最充沛的时间段进行高效学习。

多样记忆法

记忆是一个人所经历过的事物在人脑中的反映，是人脑积累经验的功能表现。良好的记忆能力，从学习过程来看，就意味着我们的成功。

影响记忆效果的因素主要有以下几个方面：

（1）目的、任务对记忆的影响。一般来说，目的和任务越明确，记忆的效果也就越好。

（2）态度对记忆的影响。对所要记忆的对象保持积极的态度有利于记忆结果的保持，注意力集中是积极态度的主要表现。注意力集中时，大脑皮层的相应区域形成了优势兴奋中心，有利于对信息的接收、加工和贮存。

（3）理解对记忆的影响。理解意味着已经掌握了材料的内在联系，因而在理解基础上的记忆一般比死记硬背效果要好。

（4）记忆方法对记忆的影响。掌握良好的记忆方法，有助于记忆效果的提高。

科学家认为记忆力可分为短期记忆力、中期记忆力和长期记

所谓学习好，大多是方法好

忆力。短期记忆力的实质是大脑的即时生理生化反应的重复，而中期和长期的记忆力则是大脑细胞内发生了结构改变，建立了固定联系。比如怎么骑自行车就是长期记忆，即使已多年不骑了，仍能骑上车就走。中期记忆是不牢固的细胞结构改变，只有"曲不离口、拳不离手"反复加以巩固，才会变成长期记忆力。短期记忆力是数量最多又最不牢固的记忆。一个人每天只将1%的记忆保留下来。

这里，主要给同学们介绍几种有效的记忆方法：

（1）位置记忆法。首先要求记忆者在头脑中想象一个熟悉的场景。比如你从学校到家的一条路线，或你从宿舍到食堂的路线，在这条路上有一些特殊的点，如邮局、医院、大树、旗杆、店铺、招待所等，然后将这些地点与你要记的东西联系起来。回忆时，按这条路线上的各个点提取所记的项目。例如，你现在要记的项目有：汉堡包、比萨饼、黄油、可口可乐、香蕉，那么你就可以做以下的联想：

在邮局里寄来了一个庞大的汉堡夹心面包，医院改成了饭店，穿白大褂的医生正热火朝天地做比萨饼；医院旁边的那棵大杨树上，正汨汨地向外流着黄油，路旁的一个旗杆是用一个巨大的可口可乐瓶子做成的，从旗杆顶上流出的可口可乐，像一道黑色的瀑布，还散发着诱人的香味；在旗杆对面的店铺正卖着香蕉。

这种联想越奇特效果越好。回忆时，只要按照路线的各个特定位置提取所记项目就可以了。

（2）多感官记忆法。记忆时最好把5种感官——视觉、听觉、嗅觉、味觉、触觉等都充分调动起来，记忆的效果会更佳。这种多感官记忆法对掌握语文、英语最显著，因为不论哪一种语言都要有听、说、读、写，这4种能力恰恰涉及文字输入的通道。

（3）背诵记忆法。在我们背书时，往往有这样一种情境，就是反复地进行阅读和默读或大声地读。然而，优等生认为这样并不好，容易导致平均用力，只是空洞的口头功夫，犹如小和尚念经有口无心，学习效率很低。

语言是记忆必不可少的工具，我们在讨论记忆时，不应忘记语言。在形形色色的动物中，只有人类才具有语言。靠着这一无与伦比的"工具"，人类的记忆在质与量上都远远超过了其他动物，具有异常充实的内容。

为了提升记忆力，优等生选择尝试背诵记忆法，即在看过书两遍到三遍之后，合上书本，试着去回忆。其中肯定有回忆不起来的地方，但没关系，继续下去，直到最后。然后，打开书，再看一遍，这时就知道哪些地方该注意，哪些地方可以不看了，从而重新分配自己的精力。看过之后，再尝试着去背。这一次，将会背出大部分的内容。如此重复四五次，一篇文章就差不多能记住了。

另外，还可以采用自问自答的形式。根据文章，自己提问，自己回答，这样可在无意识中加深对文章的印象，提高记忆的效率。

（4）两头记忆法。有的优等生发现在一天的晚上和第二天的早上记忆东西时，有很大的好处。据心理学研究表明，这样的"两头记忆法"是符合记忆心理学原理的。因为前后所学的知识之间存在相互影响、相互干扰的现象。有时，先前学到的知识被后来学到的知识干扰了，结果先学到的遗忘了，这叫后摄抑制；而有时恰恰相反，先前学到的知识干扰了后来学的，结果后学的给遗忘了，这叫前摄抑制。在晚上记忆东西，记完后上床睡觉，就不受到后摄抑制的干扰，而第二天记忆时，不受前摄抑制的干扰，因而所记的东西容易在大脑中保留清晰的印象。

　　当然，无论什么样的学习方法都需要我们付出行动和努力。

　　要开动脑筋。脑子越用越好使。学习绝不仅仅是死背书本，为了提高记忆力而积极地想办法、找窍门，无疑就是对大脑的锻炼和开发。如果以此为乐，努力实践，你的记忆力就会在不知不觉中提高。

　　最后，要告诉你一个小秘密：经过调查研究，我们发现愉快的记忆会保持长久！

　　人们常说，好事记得牢，坏事忘得快。美国心理学家阿瑟·贾希尔德曾做过这样一个实验：让学生把过去3周内经历的愉快和不愉快的事情写出来。于是，受试者回想出愉快的事平均16件，不愉快的事平均13件。3周后，再进行同样的调查，愉快的经历为7件，不愉快的经历为5件。

　　另外一位名叫亨达逊的美国教育心理学家也做了同样的实

验，实验内容是让 10 个人想出过去经历的 100 件事。结果表明，愉快的事情占 55%，不愉快的事情占 33%，介于二者之间的占 12%。

这些实验的结果，证实了前面所说的"好事记得牢，坏事忘得快"这一规律。因此，我们可以推测，记忆还伴随着喜好和厌恶的情感。而且，这种推测基本上是正确的。

不管是谁，没有人愿意回想不愉快的事情。有人甚至"永远不愿再想起来"，因为回忆起来会令人不愉快。这在心理学上叫"抑制现象"。任何人都希望长久地保持愉快的心情。可以说，这是人的本能，对与本能相悖的行为，人们当然要去抑制。

其实，如果营造一种愉快的氛围进行学习，原来枯燥乏味的内容就会变得轻松易记。不过，这时一定要分清主次。例如，本来你的目的是要背书，可你却选择了自己喜欢、经常哼唱的歌曲作为学习的背景音乐。结果被音乐所吸引，要记的东西不知道跑到哪去了。如此"营造轻松的氛围"，还有什么意义呢？

专家提醒：提高记忆力，虽然方法很重要，但是也要注意平时的营养，如果用脑过多而又没有相应的营养进行补充，这种情况是会影响记忆力的，购买营养品应该注意选择一些容易吸收，有利于改善脑细胞的弹性，加快大脑神经信息传速度而无副作用的植物产品。

第三章

CHAPTER 3

学习要领：向优等生学习

学习就要"刨根"加"问底"

爱因斯坦曾说:"提出一个问题往往比解决一个问题更重要,因为解决问题也许仅是一个数学上或实验上的技能而已,而提出新的问题,却需要有创造性的想象力,标志着科学的真正进步。"

伽利略是意大利伟大的物理学家、天文学家,他在力学上的贡献是建立了落体定律,发现了物体的惯性定律、摆振动的等时性、抛物运动规律,确定了伽利略原理,这一切的成就与他的好问是分不开的。他在比萨大学读书期间,就非常好奇,经常提出一些问题,比如"行星为什么不沿着直线前进"一类的问题。有的老师嫌他问题太多了,可他从不在乎,该问还问。有一次,伽利略得知数学家利奇来比萨游历,就准备了许多问题去请教利奇。这一次可好了,老师诲人不倦,学生就没完没了地问。伽利略很快就学会了关于平面几何、立体几何等方面的知识,并且深入地掌握了阿基米德的关于杠杆、浮体比重等理论。

物理学家、诺贝尔奖获得者李政道先生说得好:"打开一切科学的钥匙毫无疑问是问号。"

因此,要想在学业上有所建树,必须有好奇之心、善问之意。

所谓学习好,大多是方法好

学生年龄小，知识有限，面对大千世界，一定会产生强烈的好奇心和求知欲。学起源于问，学总是和问紧紧相连的。要学会做学问，就是首先学会问，俗语说得好，"不学不成，不问不知"。可是，某小学的一项调查显示：80% 的学生在课堂上不提问或偶尔提问，只有20%的学生经常提问，近半成学生不喜欢提问。至于不喜欢提问的原因，55%的学生是怕难为情不敢提问，45%的学生觉得没有问题可提，有85%的学生觉得自己提出的问题质量不高，不高兴为问而问。

不敢提问主要是对学习上的问题有一种畏惧心理，害怕自己的不懂会招来老师、同学的耻笑。这种畏惧心理是一种不良的情绪表现，长期下去，对大家的心理健康很不利，也会导致学习成绩下降。

学生上学读书，除了要学会别人提的问题，还要学会自己提问题。因为学习本身就是一个从无疑到有疑，再到无疑，不断循环往复的矛盾运动过程。知识浩如烟海，学习没有止境。要想真正学到知识，除刻苦之外还应培养自己"每事必问"的精神。

那么，怎样才能学会提问呢？

1. 自我暗示，增强信心

五年级的小芳很胆小，平时不爱说话，家里来了客人就躲回自己的小屋，上课时更是几乎不发言。老师点名叫她回答问题，她要么支支吾吾，要么声音小得连自己都听不清。她不敢回答问题，更不敢向老师提出问题。

最近，小芳特别烦，因为老师每一节课都要求学生讨论并且提问。小组里其他人都发言了，每次同学们举手提问，她也想问，可又确实不知道怎样问。有一次，小芳问老师："惭愧是什么意思？"同学们都笑她，这样一来，本来胆小的小芳更不敢提问了。

相信许多不爱提问的同学也有和小芳一样的烦恼，不是不想问，是不敢问。解决这个问题并不难，关键是自己要有勇气有自信面对困难。以前不爱提问的小兰说："我以前上课时也不敢发言，一听老师叫我的名字就紧张，现在可没有这个问题了。我的窍门是，不管是回答问题还是提出问题，都要暗暗地给自己鼓劲儿：'我能行，再努一把力就会做好的，我不会被困难吓倒……自己给自己壮胆，久而久之，就敢说敢问了。"你还可以在铅笔盒里放一些提示性的小纸条，如："今天你提问了吗？""我爱读书，我会思考，我敢提问。""大胆提问我最棒！"让自己时刻感受到敢于提问是光荣、自豪的事情，没有什么值得害羞的，相反，不敢提问题才会被人笑话的。

2. 学会提问，要学会观察和思考

先来听一下优等生小方的成功经验：

"学海无涯苦作舟"，怎一个"苦"字了得！"物理难，化学烦，数学作业做不完。"对曰："语文背，历史累，政治课上一起睡"。挑灯夜战，直到桌上放咖啡，窗外晨光熹微，而成绩却不见起色。

　　　所谓学习好，大多是方法好

这样的同学付出的确实多得多，然而回报与付出却似乎不成正比。

这要看你怎么看待学习，要是把学习看作一件苦差事，只能越学越苦。学习是其乐无穷的，在学习中，每当我们遇到一个问题，应该尽力地去思考，把它和学过的知识联系起来。

如果有些地方仍然无法解释，就要查资料，问老师、同学。有的问题甚至要涉及多个学科的知识，而在此过程中，又会发现新的问题，引导我们更深入地探索。到最后融会贯通的时候，那些原本烦琐的习题就会迎刃而解。课上精妙绝伦的发言，课下激烈的讨论，你会惊奇地发现，学习原来是件轻松、快乐的事情。

优等生小军说：关于提问，我的体会是要做好准备，善于提问。具体地说，就是先思考，后提问；先观察，后提问；先试验，后提问；先阅读，后提问等。比如在预习时，我就是一边阅读一边思考，把发现的问题先写在练习本上，等到上课的时候提出来问老师。

看来，学会观察和思考，才能善于发现问题，提出问题。如学了"表内乘法和表内除法"后，我们可以观察"乘法口诀表"，通过思考和发现问题，向其他同学提问：竖着看，每一排什么数不变，什么数变了，怎么变化？或者提出：横着看，每一行什么数不变，什么数变了，怎么变化？还可以提出：哪些口诀只可用来计算一道乘法算式和一道除法算式？为什么口诀表竖着看，从左往右每一竖排口诀越来越少？横着看，从上到下，每一横行口诀越来越多？通过这样的观察和思考，我们的问题意识就会越来越强了，提问题也能放得开了，思维的灵活性和深刻性也提高了。

重要提示！

1.学习不是盲目地死记硬背，而是要多提出问题，知其然还要知其所以然。

2.提出问题时要大胆，只要是自己不明白的，就大胆说出，不要担心别人笑话。

3.平时注意养成观察事物并提出问题的习惯，尝试用所学的知识解释身边的一些现象。

做课堂笔记的妙法

为什么上课要做笔记呢？优等生说——

笔记是我们积累知识的重要手段，是弥补记忆缺陷的最有效方法。俗话"好头脑不如烂笔头"，说的就是这个道理。

笔记有利于对知识的理解和掌握，可以培养我们的自学能力、综合能力和总结归纳能力。同时，笔记对帮助我们巩固知识、锻炼记忆也有很好的效果。

笔记反映了老师讲课的重点、难点与疑点。通过课堂笔记，

所谓学习好，大多是方法好

可以掌握老师的思考方法、分析方式和解决问题的技巧与次序。可以说课堂笔记是我们的信息库和资料库，为我们课后复习和作业提供了丰富的参考资料，而且这些资料又是教材和参考书中所找不到的宝贵内容。

做笔记还有两个好处，就是避免我们上课分心和思想开小差，促使我们听课时集中精力，积极思考，深刻理解老师所讲的知识。同时更能充分调动眼、耳、手、脑四个器官的互相配合与协调，锻炼我们的器官协调能力。

从上面可以看出，笔记在学习中起到非常重要的作用，它像一个为你解决疑难问题的老师，在你的学习中发挥了重要作用。

有些同学反映，记笔记和听课常常不能兼顾，当记的时候，听就跟不上，而集中精力听，记又完不成。事实上，出现这种矛盾是没有掌握记笔记的要领。这里就谈谈怎样记好课堂笔记。

1. 明确笔记内容

课堂笔记并非把老师的板书或讲话一字不漏地全记下来，要有选择，有重点，有己见，讲实效。记课堂笔记一定要明确记什么，主要应记的有：

（1）记要点。即把课堂学习中的重要内容（重点），参照老师的板书，提纲挈领，有选择地用简要的语句记录下来。每堂课的重要内容，通常都是相关的一些概念、规律和方法（包括技巧）。如文科中的重要名词、论点、论据，如理科中的定义、定理、定律、原理、法则、公式、解题的方法和推理的必要条件、重要步骤、关键环节等。

（2）记典型事例和其他补充内容。老师为了更好地阐明问题，常从不同角度对教材做必要的补充，包括对某些字词注音和释义，对某些概念、规律的内涵做深层次的阐述，补充一些有代表性的事例或例题和习题，有选择地记录。

（3）记总结归纳性图表。图解能很好地揭示各知识点间的内在联系，表解则适合对相关概念进行对比、类比或归纳。还有老师的一些概括性陈述，如果是教材上没有的，重要的都要尽量记录下来。

（4）记推理程序和解题思路。为提高自己的思维能力，理清老师的推理过程和解题思路很重要。要学会用简要的图示形式（如推理流程图、增减推导式、替换分析式等）记录推理过程和解题思路。

（5）记疑点和不同见解。"疑者，觉悟之机也。"一番觉悟，一番长进。小疑则小进，大疑则大进。不怀疑，则不能见真理。因而，学贵质疑。这要求我们对课堂学习的知识，包括书上写的、老师讲的、同学的发言，通过纵、横、顺、逆多角度的分析、比较、推理、判断，从中提出疑义或不同见解，并记录下来供研讨之用。

（6）记心得和顿悟。心得是认识活动中的体验，顿悟则是灵感，是思想的火花，是经过苦思冥想、积极思维后出现的突发性、创造性思维成果，是纵横联想的飞跃和升华。我们有时对某一问题绞尽脑汁，百思不得其解，恰是："上穷碧落下黄泉，两处茫茫皆不见。"后来由于某个偶然因素的启发，或触景生情，突然灵机一动，"忽如一夜春风来，千树万树梨花开"，问题迎刃而解。不少科学家的重大科学发现，如传说阿基米德在洗澡时发现的浮力定律，德·凯库勒散步时偶然想出的苯分子环状结构，都来源于心得，受益于顿悟。我们学生既有自己的心得，也有自己的顿悟，都是反复思考、不断酝酿而获得的一种体会、观点、猜想、构思或对某个问题的解法。但顿悟会稍纵即逝，不管它是否完美，都要及时记录，以备深入探讨。

2. 注意记笔记的方式

用于记笔记的工具一般有3种：

（1）书本。充分利用课本课文的周边空隙，做标记、眉批和端记，其优点是记录简捷，查阅方便，也便于今后看书复习。

（2）纸片或卡片。对于大段的补充内容，包括一些总结归纳性图表，由于书上记不下，可以先记到大小适当的纸片上。但为了不致丢失，要将这些记有笔记的纸片，粘贴到书上的相关页次上。纸片也可以用专用的卡片代替。卡片纸质好，使用方便，又便于整理，适于做读书笔记。但因不便随课本保存，一般不宜做课堂笔记。

（3）笔记本。这是不少同学的方式，原因是笔记本容量大，所记内容集中，适合记老师所做的专题讲座、复习课和习题课的讲授内容，也适宜记总结归纳性图表等，还可以长期保存。

记笔记时可以充分利用符号。符号有多种，最常见的是加圈点、画线以及标问号、叹号等。

如用"|"或"‖"表示段落层次，用"·"表示重点词语，用"～～"表示精彩的句子，用"—"表示中心句，用"？"表示疑问等。各种符号所表示的意思要始终一致。

也可以用批注法。如对字词的注音解释，可以直接批注在字词的上面，也可以集中批注在书页上下的空白地带；对重点词句的分析，可以批注在相应句段旁边的空白处，说明其含义或用法等。还可以用写意法，如对文章的段落大意和中心意思可以记在段末篇尾。

此外，用笔记本记笔记，要留出副页，或者是留出一页的1/3或1/4空白处。无论是预习笔记、课堂笔记、课后整理的笔记都是需要的，副页的内容一般也有4个方面：预习时发现的自己掌握得不够好或忘记的内容和问题，预习中产生的想法和体会；听课时产生的体会，易出现的错误（以提醒自己），易混淆的词语（以示区别），温习笔记时重视的问题；从课本以外的同类书中摘录的与笔记有关的内容；补充课本或老师没有讲到的相关知识。

3. 注意记笔记的速度

老师讲课的速度一般是每分钟90字左右，而学生听课做笔记的速度是每分钟20～40字，不少同学埋怨老师讲得太快，记不下来。其实，老师讲课的速度是有一个制约的，不能太快，也不能太慢。这就要求我们在记笔记的时候注意速度，掌握一些速

所谓学习好，大多是方法好

记的方法。用符号法记笔记不失为一种快速的方法，此外还可以用压缩的方法来记，即抓住老师讲课中的一些关键性的话，用简短的词句去概括一段话的意思。要提高记的速度，专心致志听讲是关键，只有对老师所讲的内容真正听懂了，理解了，才能进行准确的压缩、记录。

4. 及时整理笔记

课堂上随手记的内容，由于为了争取时间，不影响听课，往往次序失当，轻重不一，不但缺乏系统性，可能过一段时间，自己都搞不清自己的"草书"。而课下整理笔记，是要形成一个知识的体系。因此，课后要趁热打铁，对照书本，及时回忆有关信息，对笔记出现的缺漏、跳跃、省略、简记等补充完整，对笔误的地方及时纠正，对错误之处或不够确切的地方进行修改。还可以编号分类，舍弃无关紧要的。这样，不仅可以帮助我们加深对所学知识的印象，提高并巩固记忆的效果，而且可以培养我们严谨而周密的思维习惯，提高分析概括的能力。

5. 不要抄别人的笔记

有的学生比较懒惰，自己课堂上不愿做笔记，下了课去抄别人的笔记。这是一种很不好的学习习惯，不利于锻炼自己的思维能力和整理能力。所以，最好不要养成抄别人笔记的习惯，不然，会影响自己的学习效果。

重要提示!

1. 笔记是积累知识，弥补记忆缺陷的有效方法，所以，做好笔记是巩固所学知识的重要手段。

2. 课堂笔记并非把老师的板书或讲话一字不漏地全盘记下，要根据自己的实际情况记下有重要价值的东西。

珍惜你身旁的"学习资源"

获得成功最快的方法就是运用已被实践证明的有效方法，所以应当认真借鉴其他同学的优秀学习方法，永远不要骄傲或自卑，用平常心学习。

越是优秀的学生越善于与同学讨论或者争论问题，发现的问题越多，解决的问题越多，个人的知识就越完善。同学们都知道渔网吧，我们的学习像渔网一样也有知识网络。只有每一个知识点都掌握好，利用和同学间的交流加固它，才能把这张知识网编织得完整牢固。如果有的知识点没有掌握好，你"捕鱼"的时候，"鱼儿"就会从这个漏洞钻出去，漏网越多，"鱼儿"跑得越多，你的分数就越低。

有学者曾经研究过，两个人一起学习，要比单独学习会获得更好的成绩。因为两个人通过讨论，以及相互讲解，可以加深理解，两个人在一起还会相互促进。

除两个人搭伴以外，还可以组成学习小组。有了小组，就有了更多的竞争对手，学起来会更快。不过，几个人一起学习时，有时会忍不住一起玩起来，如果是这样，就要加以适当的克制了。

目前，我们生活在一个高科技的时代，很多人开始利用计算机网络学习，这样虽然大家不在一个地方，也可以获得类似于学习小组的效果。

有时，和好朋友相互交换笔记，是一种很好的学习方法。从别的同学的笔记中，你可以发现自己漏掉的内容，这不是完全照抄同学的笔记，而是从中找到被自己漏掉或忽视的内容。通过这样的交流，同学之间也可以相互促进！

所以，任何一个想成为优等生的同学一定要记住，好好珍惜你身旁的"学习资源"！

重要提示！

1."学而无友，则孤陋而寡闻。"学习不是一个孤军奋战的过程，要善于把你身边的"学习资源"积极利用起来，增加和拓宽自己的学习途径。

2.当你感到学习很沉闷，很乏味时，不妨找一个搭档和你一起学习，互相交流能激发出思维的火花。

3.你甚至可以通过计算机网络虚拟一个学友会，招募会员，让大家一起探讨学习的心得体会。

学会温故而知新

复习是学习过程中重要的一环。复习既能帮助我们"防患于未然",从根本上杜绝知识漏洞,巩固好辛辛苦苦建立的知识大厦,又能"亡羊补牢",修补曾经的遗漏。

好,让我们具体来了解一下。

1.为什么要复习

举个例子来说,我们春天在地上撒播种子,这个过程有如我们学习过程中的预习;夏天的时候,我们开始辛苦地浇水、施肥,这如同我们课堂上付出的汗水;那么,秋天来到的时候,我们要做的工作是什么呢?我们要检点我们的劳动成果,反映在学习过程中,就进入了最后一个环节了,那就是我们的复习。复习事关我们学习收成的好坏,我们一定要走好这最后的一步。

复习是学习的重要一环。它的意义表现在:

(1)复习是巩固知识的手段。德国工人哲学家狄慈根说:"重复是学习之母。"孔子主张"学而时习之"。我们所学的知识主要是间接的书本知识,不是自己实践得来的,往往印象不深,加之我们每天学的知识很多,也不易记住。如果不重复学习,很快就会忘掉,这就没有达到掌握知识的目的,没有把书本知

所谓学习好,大多是方法好

识变成自己的知识，也就没有达到学习的目的。因此，必须通过重复学习来巩固已学过的知识技能。巩固知识是复习最主要的作用。

（2）复习有利于加深理解。课堂上由于时间比较紧，进度比较快，加上每个人基础不一样、能力有大小，所以在对知识的理解上会出现不同情况，有的理解深一些，有的理解浅一些，有时甚至不理解。课后进行复习，针对自己的问题多思考，会使我们对知识理解得更深入一些，会有许多新的收获和启发，这就是"温故而知新"的道理。只有温故知新，加深理解，我们才记得更牢，掌握得更好。不加深理解，似懂非懂，似是而非，是不能达到真正掌握知识的目的的。

（3）复习有利于查漏补缺，解决没有搞懂的问题，使所掌握的知识完整。

在课堂上，有的没听清，有的没记下来，有的没搞懂，这些遗留下来的问题，就要靠复习来加以解决。

（4）复习有利于知识的系统化。系统复习的主要作用就是使知识系统化。我们知道，任何一门学科，都是一个系统，是由许多的概念、原理组成的。我们平时分成章、节、问题，一点一点地学习。但这些知识本身都是相互联系的，如果我们不把平时一点一点所学的知识连贯起来、组织起来，就不能掌握系统的知识，知识就是零散的缺乏组装的。用零散的知识去解决问题，是十分困难的。

（5）复习有利于提高听课的效率。知识都是相互联系、由浅入深的，头天的课没复习、没理解、没记住，第二天上新课就会出现理解新课的障碍，影响听课效率。可见，复习能为学习新课打好基础。

2. 复习要做到什么

复习由于主要是在课外进行的，且是独立进行的，不像上课有老师的引导。因此，一些同学不重视复习，不知道复习干什么，不知道怎么复习的现象就很普遍。为了搞好复习，除了上面讲的明白复习的意义、重视复习外，还要明白复习干什么，复习什么，即复习的任务，首先应做到以下几点：

（1）查漏补缺，使知识完整化。

（2）解决疑难，排除知识系统中的障碍。凡有不懂的问题，先要自己通过看书、思考来解决；自己解决不了，就要及时请教老师和同学，或者家长。

（3）进行归纳整理。如果说上课主要是分析一个一个的问题，是把书本由薄变厚，那么复习就要进行综合、归纳、小结，是把书本再由厚变薄。复习要把丰富的、具体的知识用简单的词句、简明的纲要、简要的图表整理出来，理出头绪。这个归纳整理的过程，是充分体现自己思考的过程。

（4）巩固记忆。这是复习的最终的和最主要的任务。前面

所谓学习好，大多是方法好

各项任务侧重在理解知识，是为记忆打基础的。

除了以上讲的 4 点之外，我们还要针对具体情况，选择适合自己的复习方法：

（1）避免盲目复习。现在同学们学习的科目繁多，学习任务烦琐，越是在这样的一种状况下，我们越应该做到镇定、有计划地安排复习。如果我们没有一个复习计划，而是拿着课本，今天翻几页，明天翻几页，看着语文课本，心里想的却是数学的复习题还没有做。那么，时间浪费掉了，我们还是一事无成，而且完全影响了我们的复习心情，一不小心，可能导致复习失利，全线溃败！所以，我们一定要制订一个大概计划。

（2）提高复习的效率。要想把各科学得均衡，首先要安排好各科的学习时间。比如数学、物理、化学这 3 门理科科目和英语、语文这两门文科科目如能交叉学习，可以提高学习效率。

（3）回归课本。复习的这段时间里，看书应该是摆在第一位的。即首要的任务是"回归课本"，而不是花大量的时间去做题。

有的同学可能对此不屑一顾，认为书已经看了许多遍，再看也看不进什么了，无疑是浪费时间。其实不然，因为各种各样的题目做得很多，自然地把课本抛在了一边，现在该是拿起它们的时候了。重新把知识点温习一遍，理一下思路，加深印象，是很有必要的。题目做得再多，也不可能面面俱到，所以很有必要再回到课本中，把不够清楚的地方搞明白。

（4）复习要有"翻新"意识。复习是学习过程中的一个重要环节，复习是在掌握基础知识和提高运用能力之间搭起的一座桥梁。复习是把知识由生变熟的过程中所必备的基本手段，通过反复地学习知识、掌握知识，提高分析问题、解决问题的能力，就自然会有所突破，有新的发现。反观其过程，有新的发现正是复习所要达到的基本目的。

（5）复习要有耐心。中国有句俗语"饭要一口一口地吃"，说的就是这个道理。

每次复习都不是跳跃式的，而是一种渐进式的自下而上的循环往复过程。之所以说它不是跳跃式的，是因为知识之间、教材上的内容之间是彼此有联系的，每个知识点都不是孤立的，都是整个系统中的一个重要器件。复习过程就是在这些复杂的知识点中寻找必要的关联，而且每一次复习都可以进行到比较高一级的阶段，这就要求学生不要把每一个复习过程看成是一个孤立的过程。

现在，我们进入下一个环节，即复习过程的"五部曲"：

（1）全面复查。复习的第一步当然是先在整体上做一个全面的检查，要看到书页中的每一个角落，不忽视书中的任何一个问题，不遗漏课本中的每一个句子。

（2）融会贯通。知识之间都是相互连接的，我们的复习就是要找到知识之间的联系，把一章章、一节节的知识之间的联系找到，追求的是从局部到全局，从全局中把握局部。

（3）通过"练习"完成"实战"。要么做题，做各种各样的题，力求通过多种形式的解题去练习运用知识。掌握各种解题思路，通过解题锻炼分析问题、解决问题的能力。

（4）查漏补缺。复习的过程中，我们总能够找到以前学习中的漏洞，发现我们以前理解不深的地方。这时我们就要仔细地查漏补缺，争取全面深入地掌握知识、提高能力。

（5）强化训练。复习是一个举一反三的过程。我们通常是做不到"一步到位"的，所以我们要强化训练，通过反复的复习，使复习达到最佳效果。

在复习后，更不可或缺的是"题不二错"。就是要同学们建立各科错误登记本，以降低重复性错误，提高时间的利用效率，将"不该丢的分"都拿回来。可以随时将练习中出现的错误记录在案，一个个地"消灭"。不怕第一次不会，不怕第一次出错，就怕下一次还犯同样的错误，集中精力排除错误就能够起到事半功倍的效果。

重要提示！

1. 复习是学习过程中非常重要的一环，能巩固所学知识，加深理解，查补缺漏，使知识系统化。

2. 复习时讲求方法，尤其要有"翻新"意识，避免仅仅死记硬背。

好成绩，源于不断地调节和坚持

经常听到有的学生说："上小学时我的成绩挺好，可刚上初中，就感到学习很吃力，成绩上不去，心中很着急，该怎么办呢？"或者是："我的其他成绩都不错，可为什么就学不好外语呢？"这其中一个很大的原因就是学习方法没有及时调整。

做任何事情，都要讲究方法，方法对路，事半功倍。学习也是这样。对学习有浓厚的兴趣，越学越觉得有规律可循，优等生对基本概念、规律理解深刻，思维敏锐，思路广阔，技能熟练。他们不怕考试，不怕难题。主要的一条经验是他们有科学精神，在学习知识的同时，主动地去掌握和积累科学的学习方法。然而有相当多的同学学得被动，效率很低，成绩较差，虽然他们也能做到上课用心听讲，课后及时复习，但遇到稍微复杂或灵活一点的问题，就懵了。几次考试失利，觉得劳而无功，以至丧失自信与兴趣。由于"不会学"而导致"不爱学"和"不愿学"的情况为数甚多。因此，同学们能否掌握科学的学习方法，不但是今天能否由"怕学"变成"爱学"的关键所在，而且会影响到今后一生能否掌握自然科学的一般方法以求更好地发展。我希望同学们不仅要重视良好的学习习惯的培养，而且要努力掌握科学的学习方法。

概括中小学生的学习方法，从智力因素、性格特征、学习习惯、

所谓学习好，大多是方法好

性别差异几个方面看，大致有如下几种情况：

1.兔型学习法与龟型学习法

智力发达的学生一般都有天才的气质和性格，难于按计划学习。当他心血来潮时，就积极地学上一阵子；热度一下去，就什么也不学了。这就是兔型学习法。尽管如此，并不影响他取得良好的成绩，只不过他本人的能力并未充分发挥出来，这对个人、对社会都是一个损失。如果他能够运用科学的学习方法，就能把聪明才智充分发挥出来，学习成绩就会更好，未来对社会的贡献也会更大。

相反，龟型学习法计划性较强。他们制订作息时间表，按时进行预习和复习，上课认真听讲，学习基础牢固，能逐步加强实力。如果他能按科学的学习方法去学习，成绩一定会上升。学习成绩提高以后，智力随着提高，自信心也就更强了。

2.外倾型学习法与内倾型学习法

外倾型性格的学生学习时应注意以下几个方面：

（1）应养成深思的学习习惯。一般来说，外倾型人遇到问题喜欢向别人请教，但由于自信自己领会得比较快，常常会自己觉得已经懂了，而其实不见得真懂。所以，这一类型的人理解问题常常很片面。他们最好能养成好学深思的好习惯，凡事多问几个为什么。

（2）发现错误要及时改正。外倾型人对分数一般不太在乎，因此也常常不能认真改正错误，这类学生常常是同一个错误一犯再犯。对于此类错误，最好的预防办法是每次做错题时，都要在专门的记错本上改正过来。每次考试前都要仔细复习一下。

（3）以分散学习法为主。由于外向型性格的人情绪波动比较大，超过一小时的学习对他们来说，效果不会太好。因此，最好是每门功课的学习不超过二三十分钟。其间，最好休息 5 ~ 10 分钟。

（4）有一部分外倾型的人，由于精力比较旺盛，常常会同时干两件事，这样只会使本来就容易分散的精力更易分散。所以，一定要尽量避免一心二用。

（5）要养成看书的习惯。可从比较感兴趣的书籍入手，此外，还可培养对竞赛类游戏的兴趣，这样会有利于培养集中精力思考问题的能力。

（6）学习要均衡。即每天保证一定的学习时间，但每天都不要学习很长时间。

（7）家长一定要在学生学习时，保持安静，尽量不要让他们分心。

内倾型性格的学生在学习中有着与外倾型学生不同的特点，他们主要应注意以下几点：

（1）要加强心理健康。这种学生经常为琐事烦恼，生活中一点点小事也会让他们烦心，这必然会极大地干扰他们的学习。

所谓学习好，大多是方法好

所以，最好让他们经常参加竞赛活动，锻炼心理承受能力。

（2）内倾型人一般都比较自卑，而自卑会导致焦虑，从而影响学习。因此，最好能从比较容易的学习内容开始。

（3）此类学生一般都比较容易产生焦虑情绪，有害身心健康。所以，一定要注意锻炼身体。另外，通过体育活动，还可以使他们反复体验到胜败的味道，逐渐懂得"胜败乃兵家常事"的道理。

（4）这类学生经常因为害怕失败而中途放弃，以致常常延误了大好时机。所以一定要让他们制订学习计划，并鼓励他们坚持到底。

（5）有一些内倾型的学生会觉得稍不用功学习成绩便会直线下降，所以，什么时候都很紧张，一天到晚只知道学习，而学习成绩却总上不去。这样的学生一般自制力都比较强，因此，可以制订一个有张有弛的学习计划，例如，一天中，某一段时间一定要用于体育锻炼或出去游玩。这样才能得到适当的休息。

3. 早型学习法和晚型学习法

早型学习是在起床后三四小时内学习，效率最高。早型学习与多数学生的生活习惯一致，学习时来自他人的干扰少，上午上课精力集中，收效最大。晚型学习是利用下午到夜间的时间进行学习，这段时间精力充沛。晚型者容易在白天打盹而影响听讲效果。从保障身体健康、提高学习效率来看，以早型学习为好。

掌握和运用科学的学习方法时，需要一定的自制力。特别是纠正一些不良的、已经形成习惯的学习方法，更需要毅力和恒心。有的孩子有掌握科学方法的愿望，但在运用过程中因意志薄弱而半途而废，造成有目标无结果，有计划无行动。在学习上跟着感觉走，自然要省力得多，但学习效果也会糟糕得多。这时可以请教师和家长或同学多鼓励、多督促、多提醒，依靠外界力量来克服意志薄弱的状态。

阅读与训练

请列出表格，把你近期的学习成绩和两周前的小测验做出比较，你提高了吗？把自己总结的成功经验也忠实地记录下来吧！

所谓学习好，大多是方法好

第四章

CHAPTER 4

优等生应试金法则

狭路相逢勇者胜

首先，优等生们告诉我们的是："好的心态决定你的成绩！"我们要正确对待考试，坚持做到：

1. 我们不做分数"奴隶"

斤斤计较分数高低，就会夸大分数值和真实知识水平之间的差距。一般说来，分数高低，是学习好坏的一个重要标志，但这有个前提：高分应建立在对基础知识的深刻理解，对概念、定义、定律、公式、法则、词汇、写作等的灵活运用的基础上。只有这样，知识的获得才能和智力的发展相一致，知识才有其真正的价值。你可以追求高分数，但首先要检查一下：自己是不是具备上面的那些基础。

如果我们把分数看得太重，只为分数而学习，那么脑子里就只有分数，仅仅把知识看作是一块敲门砖。门敲开了，知识这块砖头就会被扔到一边去了。有些人考试之前拼命记，考试之后全忘记，为什么？就是因为他们只为考试而学习，把知识当作了敲门砖。

只为分数学习，容易变得害怕考试，甚至厌恶读书，厌恶知识。为什么？就是因为他们开始的时候就只知道为分数而学习，后来在一次次的考试中失利了，一次次的不及格，使他们对考试，连同对学习产生了畏惧心理。在他们的心目中，知识从来都是次要的，分数才是最重要的。所以，一旦分数不行了，就会错误地认为自己人也不行了，于是什么生活、人生，都失去了意义。

一个人只为分数而学习，他的虚荣心就会上升。为了分数，他就会不择手段，采取作弊办法，以虚假的成绩来保全自己虚伪的面子。这样，他的心理就会失态，他的人格就会扭曲。

但是，我们如果为知识而学习，那么情况就完全不一样了。我们就会一心想着用知识武装自己，用知识充实自己。这个地方不懂，就会自觉去钻研；这个知识很有用，就会努力去掌握；这知识很有趣，就会饶有兴味地埋头其中。

让我们时时刻刻记住：一定要做学习的主人，千万不要做分数的奴隶！

2.考试只是我们提高的新起点

一提到考试，有的学生就紧张，甚至惧怕，考试成了一种沉重的精神负担。其实，学生、学习、考试、分数，是几个紧密联系的概念，有学习就有考试，有考试就有分数，这是合乎逻辑和顺理成章的。

提到考试就紧张，说明一些学生对考试的意义认识不足，没有认识到考试在学习中的作用。

考试是教学过程的重要环节，对教师的教与学生的学起着重要的调节和激励作用。适当的考试和考查，可以促进学生的学习和智力的发展。考试过程，包括学生考前复习准备和考后小结，是使知识系统化、加深理解和巩固提高的过程，也是培养思维能力、创造精神，锻炼提高学习能力的过程。同时，可以激励学生的进取精神，认真反思学习过程，发现学习中的薄弱环节，修订学习计划，改进学习方法，从而提高学习成效。

正常的考试会像镜子一样，反映出学习的真实情况。考试之后，应把精力放在解决所暴露出的问题上，力求彻底弄懂错误的原因，在此基础上迈出扎实的一步。

3. 一次失败不等于永远失败

每个人都希望获得好成绩，这是人之常情，也是有上进心的表现。在考试中，你难免会有一两次的成绩不好，这可能有许多原因，如考前没有复习好、考试题偏难、考试中太紧张等。这并不可怕，谁也不能保证自己在考试中永远处于最佳"竞技"水平。如果已经失利了，一味怨天尤人，或自我折磨，也是于事无补，于己无益的。正像一个不慎跌倒在跑道上的人，光哭泣是站不起来的，而应主动赶快爬起来奋起直追。人生中的许多竞争正如马拉松赛跑，胜负尚难决定，要看谁笑到最后，关键在自己的努力。要明白，赛场上是不相信眼泪的，过分自责是没有用的。要通过各种心理调节方法，恢复心理的平衡，变自卑为自信，变失望为新希

所谓学习好，大多是方法好

望，早日振作起来，重整旗鼓，放下心理包袱，轻装上阵，积极投入下一个回合的竞赛。

要在考试后认真地总结自己考试失败的原因，从主观与客观两个方面进行实事求是的分析、反思。若是主观上尚未尽到努力，或方法欠妥，或原来期望值过高，或考场发挥不正常等，就应吸取教训。如是客观原因，如老师或其他方面的原因，就要想想自己用什么办法加以补救为好。这里需特别注意两个极端：或一味责备自己，不切实际地给自己加码加压，背上沉重的思想包袱；或一味埋怨老师等外界因素，而看不到自己应负的责任，这些极端的思维对自己都是不利的。最可怕的是有人因为一两次没考好，就对自己失去了信心，失去了努力的动力，那在今后的考试中可能还会一直失败。

在准确分析清楚原因的基础上，要努力寻找到解决问题的方法，针对实际情况，做出具体的、切实可行的补救的计划。要从现在做起，扎扎实实地学习下去，克服惰性，排除外界引诱。

考试之前有准备

有的同学学习水平本来不低，但对精神压力的承受力很差，他们平时学习时发挥得很好，可只要一考试情绪就紧张，自控力差。有的同学说："只要一看到试卷，手就发抖。"所以总考不出应有的水平。

有的同学学习水平本来就不高，对自己能考好又没有信心，由于各种原因，总怕考不好，一上考场就紧张万分，结果连原有的那点水平也难以发挥出来。

还有的同学知识和能力水平较低，但心理因素较好，情绪稳定，自控力强，因此能把自己的水平在试卷上充分反映出来。当然，也有的学生对考试、学习满不在乎，被动地参加考试，他们没有思想负担，发挥得也不错，不过由于他们的知识和能力水平太低，尽管发挥得不错，但考试成绩仍然不好。

可以说，要想提高知识和能力水平，主要靠平时的努力。临考前或进入考场后，再想提高知识和能力水平就很困难或不可能了。

这时的关键问题是什么呢？是把自己已有的知识和能力水平充分地发挥出来。这时心理因素和方法因素对考试的成败就起了决定性的作用，因为它们的可变性较大。

如果把知识和能力水平按 10 分计算的话，那么一个只有 7 分水平的学生，由于他的心理因素和方法因素好（情绪稳定、意志顽强、答题方法科学等），在考试时就可以把自身的 7 分水平真正地发挥出来，甚至可以超水平地发挥。而另一个有 9 分水平的学生，在考场上因情绪波动大，意志薄弱，心慌意乱，最后可能只发挥出 6 分的水平。结果平时学习水平低的学生在考试时却

所谓学习好，大多是方法好

超过了平时学习水平高的学生，这种现象在学生当中很普遍。每当这时，平时学习成绩好的学生就用"考试失常""没发挥好"来安慰自己。

面临考试，应该做些什么准备？

要想到，正是为了参加考试，才促使自己下决心认真进行了一次系统复习，从而使自己在知识的掌握上比过去更加完整、巩固和系统。有的学生在总结中写道："考试的意义在于复习。"这种认识很有道理，应当说，很多学生搞系统复习应当感谢"考试"。实际情况也是这样，知识掌握得究竟怎么样，需要在定期的考试过程中，通过独立解决问题来检验。考得好，就会促使自己进一步努力学习；考得不好，也会促使自己认真分析原因，找出自己在学习上存在的问题，从而进行及时的调整，以改变现状。至于老师，则可以从考试中发现教学中的问题，以便调整教学计划并对学生进行针对性更强的帮助。

优秀生正是认识到了考试的这些积极作用，才对考试采取了一种积极的态度。而有的学生认识不到这些，他们对考试抱着一种消极甚至抵触的情绪，抱怨考试把自己搞得像热锅上的蚂蚁，造成自己在考前的坏情绪，这种坏情绪给自己埋下了失败的种子。

考试本身就有一定的紧张度，再想到老师和家长的期望，想到自己的社会责任，在考试期间就使自己产生了很大的精神压力。这时，重要的是自己不要再给自己施加压力了，因为在难以承受的压力下是不可能考出好成绩的。要善于在临考前给自己减轻压力，怎么减压呢？

1.临考前不要去想考试成败

临考前，不要老是想只能考好，不能考坏，考好了自己将如何如何，考坏了又将怎样怎样。

考试的后果应在平时学习时多考虑，因为，那时考虑才有可能促使自己改变学习状况，而平时的学习水平才真正决定着考试的成败。在临考前总去想考试成败对自己的影响，必会增加不必要的精神负担，使自己在考试前处于一种高度紧张和兴奋的状态之中。在这种紧张兴奋的状态下，常常表现出对自己的学习一百个不放心，以至于一会儿看看这些知识，一会儿又看看那些内容；自己明明记住了的东西却又不放心，还非要再去看一下不可。疑神疑鬼，神经过敏，吃不好，睡不安，使得大脑的神经细胞越来越疲劳，等到进入考场时，大脑就可能正处于最糟糕的状态，哪能百分百地考好呢？

综上所述，在临考前不要去想考试的成败问题，实际上，此时想这些不仅对考试无济于事，反而有害。

2.临考前要想好万一考不好的"对策"

期中考试前要想，万一考不好，后半学期再努力，争取期末考好；期末考试前要想，万一考不好，假期抓紧补习，争取下学期追上去；高考前要想，万一考不好，明年再考或者在工作后走自学成才的道路。这么向前看，既有了考不好的思想准备，又有了最积极的对策和出路，精神压力就会小得多。

3. 临考前对自己的期望要实事求是

有的学生在考前给自己提出了努力的目标，这是一件好事。问题是提出的目标往往高于自己的实际水平，由于期望的目标不切实际，在考前给自己带来的只会是精神负担，而考后给自己带来的则是失望和烦恼。每个学生都应当认识到学习水平的提高需要经过一个循序渐进的过程，需要经过长期的努力。而影响学习效果的因素又是那么多，所以，每次考试前，对自己的期望一定要实事求是。如果期望切合实际，经过努力，取得了进步，才容易获得成功的喜悦；期望不切合实际，经过努力，虽然实际上进步了，但感受到的仍然是挫折。

4. 正确对待外来的压力

临考前，有的家长总喜欢给自己的孩子施加压力，说什么"考不好就不要进家门"，什么"再考不及格假期哪儿也不许去"，什么"进不了前十名别来见我"……碰到这种情况，一方面要体谅父母望子成龙的心情，不要和父母顶嘴、吵闹，以免使自己的情绪受到更大的影响；另一方面要检查自己存在的问题，看看平时在学习态度上是不是存在着让家长不满意或不放心的地方。如果一个学生在学习上能够严格要求自己，学习勤奋，尊敬家长，就是没考好，家长一般也不会说出上面这些话的，而且还会尽力安慰和帮助自己的孩子。

考试期间，脑力劳动的负担是很重的，因此，在考前和考试期间一定要休息好，注意用脑卫生。

5.临考前要减轻学习负担

这时应主要看看自己整理出来的复习笔记，加工整理后的习题、试卷，目的是熟悉一下学习过的知识，起到考前的"热身"作用。

临考前，绝不要再去开辟"新战场"，不要再做什么难题。有的学生临考前抓了一两个难题，可"面"上的东西却全丢掉了，结果导致考试的失败。

6.要保证充足的睡眠

在整个复习期间一定不要开夜车或开早车，如果平时睡眠不足，生活规律混乱，那么在考试之前一定要调整过来。如果不调整过来，就是想早睡也睡不着。有了充足的睡眠，在考场上才会有清醒的头脑，才会有良好的思维效果。开了夜车的学生在考试后回忆说："平时明明会的公式、定义，在考场上就是想不起来了，看着题目发呆，脑子发木，头脑不清醒，一头雾水。考试前开夜车真吃亏。"考试特别需要用脑，而考试前却不让大脑休息，这怎么行呢？

有多少平时在学习上占绝对优势的学生，因为在考试前开了夜车，一下子使自己的优势变成为劣势。开夜车的学生不能说学习不努力，但这种努力违背了用脑的科学规律。

考前睡得太早，会因为睡不着或睡眠太多而早醒而带来新的烦恼和问题；考试前玩得太累，也会因为过度疲劳而影响考试成绩。所以，考试前过劳或过逸都不好。

为了考试期间能安心睡眠，准备闹钟或请人叫一下也是必要的。起床时间离考试时间不要太近，起床以后活动活动，让头脑有个从抑制到兴奋的转化过程，刚睡醒就赶到考场，大脑兴奋度较低，对考试往往也不利。

7. 要适当进行文体活动

临考前，由于学生高度紧张，不仅需要充分休息，而且需要开展适当的文体活动。有时，躺下来休息一会，闭目养神，到室外散步，仍然难以将开动的脑子停止"转动"，头脑中仍然摆脱不掉对学习问题的思考，怎么办呢？最好的办法是进行文体活动，如打打球、弹弹琴、吹吹笛子、听听音乐。一个学生在打球、弹琴、吹笛子时，总不能再考虑什么学习问题，这样就可以使大脑得到积极的休息。

至于那些仍然需要动脑筋思考的活动，如下棋等，临考前还是不去玩为好。

8. 准备工作要仔细

考试期间，由于紧张，经常出现丢三落四的情况。有的学生到了上车的时候，才想起忘带月卡；有的学生进了考场，才想起忘带钢笔、三角板、圆规；至于重大考试，忘带准考证的现象也是屡屡出现。这样的事情一旦发生，便会加剧考生的紧张心理，并且会直接影响考试的效果。为了避免上述情况的出现，可以把每天上考场要带的用具写在一张卡片上，去考场前逐项检查一下，以保万无一失。

重要提示！

1. 考试成绩的决定因素当然是平时对知识的理解和掌握程度，但考前的准备工作和考试时临场发挥也会对成绩产生重要影响。

2. 要想在考试时超水平发挥，必须充分做好考前准备工作，尤其要保障充足的睡眠，放松精神。

愉快的考试入场方法

刚进入考场的那一瞬间，最容易使人思想紧张；进场后的前一会时间，由于严肃气氛也容易使人产生紧张和不安，这都是正常现象，不必为此而担心。进场时的精神状态、动作表情、仪表姿态都代表着个人的自信心，因此，进场时首先要从精神上和心理上强于别人，从气氛上胜于他人。要想迈好第一步，打好第一战，就必须注意以下 10 点：

1. 告诉自己放轻松

这时可采用平时自己喜好的放松方法放松自己。比如，闭目深呼吸几次，伸展四肢转动腰，目视远方活动四肢，在两耳前的凹窝处轻轻揉压几下，使兴奋的心情平静一些。

2. 先行一步入考场

先进场，就表示你捷足先登，像东家，似主宾，从心理上占了优越感。更主要是早一点入场，对考场的气氛、大小、光线、位置都有比较好的了解，对场内有关规定的情况会或多或少地能先知道一些，心理上就先有一分准备。如果最后入场，全场的许多目光注视着你，而且又要慌慌张张找座位号，容易引起紧张。

3. 进场气势很重要

无论进入考场有多方便的侧门、启门或其他途径，你都不要去走，一定要由正门进入考场。当你雄赳赳从正门迈进考场时，似乎你已经是胜者，从心理上讨了吉利。

另外，从正门进入考场，首先能看到学校或考场的招牌，在精神与心理上又是一个巨大的鼓励。

4. 坦然自若是赢家

往考场迈入时，要全身轻松自如，挺胸抬头，目视前方，面带微笑，雄赳赳地走到自己的座位前坐下，让人觉得你就是赢家，是胜者。

5. 信心十足做第一

坐在考场里，也要表现出轻松自然，乐观自信，信心十足，在内心对自己说："这里我最棒，比谁都强！"但是又要保持点紧张严肃，头脑里始终紧绷着"不太容易对付"那根弦。

6. 心理紧张很正常

进入考场后，绝大部分同学会出现应激性的生理反应，如心跳加快、手心出汗、手指发抖，重者可出现胸闷、头皮发紧发麻、出冷汗等现象。遇到这种情况，根本用不着过多担心什么"完了""考不好啦"等。要暗示自己："这是正常的生理反应，很快就会过去，不必担心。"只要这样想，症状很快就会消失。或轻轻咬一下嘴唇，再深深吸几口气，症状也会随之消失。这种症状只要你自己不想它，别管它，它就会自然消失。如果你越担心害怕地想着它，它就越缠住你不放。其实这种症状不会影响考试。

7. 我有耐心有自信

进入考场后，还需要等待一些时间才能开卷答题，这个时间不要着急，学会耐心等待，并在内心告诉自己："不用急，考试还有一会时间，马上就要大显身手啦！"趁这时可以熟悉一下周围的环境和身边的同考者。这种耐心的等待，可以使考试者在兴奋中更加从容、更有信心、更有把握。

8. 做题前工作要做好

考试铃响，当考卷发下来后，先心平气和地打开试卷，接着看一下试卷的说明，了解一下共有多少张考卷，然后数一数自己

所谓学习好，大多是方法好

的考卷，看看是否相符。如果不相符，要立即向监考人员声明，以及时得到考卷。比较正规的考试，试卷首页都印有关于本学科或本试卷的答题须知及考试说明。另外，此时还要注意认真听取监考老师关于考场规则或试题解答要求的补充说明。

有时试卷印刷有误，老师也会利用这段时间进行试卷校对。有些同学往往不注意这些，直到考试中途才发现问题，到那时再来改正，麻烦的事情就多了。因此，考试开始时，首先应明确本次考试的要求和试卷要求。

9. 必填信息勿遗漏

当查对完试卷和明确本次考试的要求后，首先要做的第一项工作就是填写卷头。填写卷头时，要用正楷字填写，将自己的姓名、考号准确无误地填写在答卷头上。值得提醒注意的是：上面要你填什么就填什么，没有要求的一定不可多写，以免被人误认为是你在考卷上做记号。这项工作一定要在考试开始时完成，不要放在最后，放在最后容易漏写。

10. 卷头工作要细心

如果是标准化考试，一定要按要求认真涂抹好考号和科目代号，不能马虎。如果涂抹错了，卷面的成绩将无法归入你的名下。涂抹时浓度不可太淡，浓度淡了机器容易漏读，但是也不可太浓，太浓了会形成发亮的镜面反光，机器也容易读错。这项工作一定要在考试开始前完成，千万别放在最后，放在最后很容易漏掉。

当你做完以上事情，再集中精力进行下一步的考试工作，就会顺利多了。以上 10 件事做好了，第一步棋就算走好了，也等于你打好了第一仗。

重要提示！

1.考场如战场，难免使人产生紧张情绪，如果处理不好，势必影响发挥，所以有必要掌握一些考试入场的窍门。

2.最好提前几分钟进入考场，以适应环境，消除紧张。

3.进场时要信心十足，胜券在握，适度紧张，又从容不迫。

4.注意将相关信息填写齐备、工整、切勿遗漏。

考试答题秘诀

首先，要冷静沉着地读卷，一丝不苟地把发下来的试题看一遍，正确理解题意。

如果发现有不明确的或不理解的试题，应立即举手请教老师，让老师讲清楚。还要注意到下列 7 个方面的事情：

（1）第一步要做的工作是浏览试卷，不要仅仅盯住整套试卷的一个点不放，必须快速从整体上了解一下试卷的特点，花费几分钟时间即可。

所谓学习好，大多是方法好

（2）要看清题目的总数，各道题的重点、难易度、所用时间、分值，便于下一步安排答题顺序和安排答题时间。

（3）遇到以前做过的题当然很开心，但是也要小心，可能是类似的一个题目换了一个角度，答题的方向自然也不同，要多加注意。

（4）当读到生题时，要在内心提醒自己，这里比较生疏，一会在这里要多加小心和思考，切记不能在这里细想或认为这里要失分……

（5）当读到难题时，要在内心警示自己，这里比较难，一会要多加努力，千万不能把注意力停留在这里，或在想："完了，这儿不会了……"

（6）边浏览，还要边提醒自己要在容易答错题的地方稍加注意和小心。比如有些学科采取"一卷一纲，二分叉同分值"的办法出题，所以有些试卷出现分叉题，分 A、B 两组，考生限选一组。如果两组都做，只以 A 组计分。

（7）当你浏览完试卷之后，思想就不要再停留在试卷上长思，更不要因为试题容易而高兴，或试题太难而发愁，要尽快决定和安排解题顺序和答题时间。

然后，从整体上看一看，全卷共有几种类型的题，如概念问答题、计算题、判断正误题、选择题、论述题等，每一题可以给多少分，这样以便分配考试时间，占分数多的试题可以考虑先做。

考试时可以从最容易的题目做起，这样可以增加信心，自己掌握的知识可以完全反映到试卷上。

合理分配考试时间非常重要。可以根据学科分值情况和难易程度来分配时间，关键是提高时间的利用效率，原则是"稳中求快，准确性第一"。没有准确性的"快"更不可取，因为对大多数考生来讲，考试几乎没有检查的时间。

还要注重做题顺序。试题的编排顺序原则上是由易到难，可以减少思维转换过程。对大多数考生来讲，按试题顺序做题是比较适宜的，这样做的另一个优点是可以避免漏做试题，也相对节约时间。但也有部分考生，对知识的掌握有所偏长，做题时可先做自己有优势题目，既可先拿到分数，又可为非优势题目留有充分的时间。值得注意的是，由于考生情况各不相同，选择哪种做题顺序要因人而异，但在平时训练中一定要稳定一种方式。

接下来要做的工作就是认真审题。

审题，就是在动笔答题之前对题目进行审视、揣度、分析、辨别、研究和推导，弄清题目的含意和要求。审题是应试答题的关键，题没审好就下手做题，要么错选漏答，要么南辕北辙。

无论是平时考试或重大考试，过后经常有不少同学在自责和慨叹，他们自责的并非自己无能或不会答题，而是审题不清，漏看题和看错题，因自己有本领却没有施展出来而感到痛心与遗憾。为了避免类似的情形在同学们身上再次出现，提醒同学们在审题时要注意下列几点：

所谓学习好，大多是方法好

1. 不要怕审题费时

"磨刀不误砍柴工"，审题虽然占用时间多一些，但它为答题的正确性奠定了牢固的基础。题目要求都没搞清楚，就不假思索地盲目答题，造成本来会做的题目，因搞错题意而失分，或者做一半时想想不对，推倒重来，返工重做，这样不但更浪费时间，且又影响情绪。因此，不要吝啬审题的时间，防止因小失大。

2. 明确审题目的

审题的目的，是通过默读题目，把题目的要求、题意、题型等读懂，抓住关键词，抓住突破口，找准答题要点。

3. 审题时多念几遍原题

审题时，不要慌忙，尽量做到稳一点、慢一点、准一点，对原题多念几遍，提高审题的准确性，加强解题的针对性和目的性，避免盲目性和随意性。默读时，可用铅笔将题目中给出的已知条件、潜在条件及要求解决的问题一一标出，做到边读题，边打腹稿，切忌以过去熟悉的题型去简单套用，代替审题。

4. 先审题后下笔

审题是答题的关键，必须先审题后答题，方能把题目解答得既准又快。有的考生审题粗枝大叶，根本没弄懂题意就下手答题，结果答非所问，造成严重失分。动笔之前，先仔细阅读每一道原题中的一字一句，一次看清看懂。因为人有思维定性，第一遍读错题，往往第二遍、第三遍还是要读错。看清题的要求，认清是必答题，还是选答题，要求达到何种程度；看清题中给出的每一个已知条件，尽量避免遗漏、看错和理解错。确实把题审清弄明后再动手写答案，做到不明白题意不动手。

5. 审题时，要特别注意

分析和辨别题目中的关键词和术语，比如"简述""论述""概述"等，不能把它们的意思理解错，更不能把它们的意思相混淆，一错均错。紧紧扣住这些题眼，并按要求解答。审题完毕，我们就进入下一个环节：答题阶段。

答题是指审题后把解题的思路和结果用文字表达出来，是一个既动手又动脑的过程。答题的方法、技巧正确与否，是关系到考试成败的最主要因素。因为已经想到的东西能用学科术语和符号表达清楚，并要求文字精练、计算正确、表达准确，这当中确实需要一定的方法与技巧，对已经获得的解题思路进行再加工。为了提高答题的质量，务必注意以下9点：

1. 认真做题

从进入考场开始审题到答卷完毕最后一秒，我们都要做到认真，要以专心致志的态度对待考试，考试才会还给你一个优秀的成绩。有的同学三心二意，考试的时候心猿意马，漏洞百出，没看题就答题，答了一部分才发现离题，结果不但浪费时间，还要把试卷涂改得乱七八糟；有的考生答完题也不知答错，造成下笔千言，离题万里，失去得分，造成悔恨。这都是因为粗心、马虎、麻痹造成的。因此，答题时一定要认真细致，全神贯注，千万不可分散精力。

2. 谨慎小心

遇到自己感到很容易的试题时，千万不可"乐而忘忧"。要懂得考试的题目一般都不会很容易或太容易，容易题里面可能有"坑"，万万不可跳入"坑"内。因此，遇到容易题时，不但思想不能麻痹，思绪不能松懈，反而要更加小心谨慎，以认真细致的态度对待，这样你在"容易"题面前才不会吃亏。遇到以前似曾做过的题时，要倍加小心，反复审题，千万不可简单轻率地按照练习过的方法照搬。因为这类题往往表面形式相似，但内容、要求、解法完全不一样，如果按"想当然"去解题，就必定会出差错，不少人都吃过这方面的亏。因此，必须认真细致地审清题意再下笔。

3. 不要过忧

遇到难题时，千万不要紧张，因为考试出现难题是正常的事，如果都是容易题，那就失去了考试的意义。要明白：试题是为大家出的，你难别人也难，你做不出来别人也不一定能做出来，"水落船低"，在分数线上大家是平等的。如果实在做不出来，就先绕过它，等做完其他题目后再返回来慢慢攻克它。

4. 相信自己

遇到不曾见过的题时，首先要稳定情绪，坚定信心，慢慢回忆。

因为完全超出教材和大纲内容之外的试题是不会出现的，出题人不会在考题上来戏弄考生，让考生去猜谜语，要相信自己掌握的知识是完全能够做出此题的。这时就静下心来，回忆一下题目的内容属于课本中哪一部分所讲的，想想这部分的知识体系及有关的解题思路和方法。这时就可能会从中想出头绪，在"山重水复"中出现"柳暗花明"。

5. 换角度思考

遇到特殊题型，不要感到束手无策。这类题往往都有一套常规解法，一旦用常规解法解不出来，就说明该题有特殊之处。这时最首要的是不能慌，不能急，就如解绳子疙瘩一样，越急越慌就越解不开。这时要找出试题的"题眼"，即关键词句，这是答好这类题的首要条件。接着换换角度，从多角度思考问题，试着把一道题分成几个层次去理解，或者用几种方法、几条原理去解，或采用逆向思维去解，这样就能在某一处突然豁然开朗，顺手而解。

6. 分解完成

遇到综合类题型根本不需要害怕，更不用感到"无处下手"，只要你采用分解的方法就能彻底解决。先把大题一步一步地分解成若干小题，然后把每一个小题做出来，最后综合在一起就是正确的答案。

其次，考试中的很多大题就是把教材中的若干道小题综合在一起所构成。明白了这个原理，你对这类题就有了办法。

7. 留置题目

在考场上往往会出现这样的现象，明明平时很简单、很熟悉的题目、概念、定理或公式，到答题时突然想不起来。遇到这样的问题时，首先要放松思想不要慌张，也别坐在那里冥思苦想，先把此题放一放，去做别的题目。在做别的题目时，被遗忘的内容常常会自动地"跳"出来。如果回头再想还是想不起来，就先想想遗忘部分前后的知识点在课本或笔记中是什么内容，然后再把这些知识点联系起来回想。也可以找一找卷面上其他试题的内容，看看是否能启发回忆出遗忘的那部分内容。只要稍加留意或只想到一字或一个词，就会茅塞顿开，迎刃而解。

8. 绝不空题

有的题经几次"强攻硬啃"仍不能解，而且考试的时间又不多了，不能再继续往下久想细思了，这时也不能放过，更不能让它空着。对这种题，只要不倒扣分，就尽管放心地猜，大胆地"蒙"，对那些选择题、填空题凭自己的感觉往上填，大题就写些相关的定理、公式，根据已知条件简单地推一推，哪怕只有一些模糊的意识也要在答案上表现出来，力求得些小分。只要敢这样做，说不定就猜对了，"蒙"准了，总比让它空着白白失去得分强。

9. 查找错题

一般人几乎存在着一个共同的习惯，发现自己答错题后，会立即擦掉或画掉重写。当发现有题做错时，先别着急着画掉，要先在旁边写上正确的解法再画。因为有时转念一想，又发现原解题是对的，若已画掉，而又要花时间去重抄一遍，那样就会耽误时间。如果确实错了，也不要用笔大抹，只要把错误的地方画掉即可。

考场上大部分的同学都会有一定的紧张状态，由此产生一种动势，即思维速度加快，而思维广度变窄；阅读速度加快，而视觉角度变小；行为速度加快，而失误点增加。因此，学生在考场上一次性完成的试题，出现错漏是常见现象。而对试卷进行全面检查，正是补遗纠错的最好方法。所以，做完解答后一定要尽快对试卷进行全面检查。

检查时要注意 4 个方面：一是看清是否所有题目都答齐；二是有无漏答；三是作答方式是否正确；四是答案与题号是否对应。检查上述内容时可采用以下 9 种方法：

1. 灵活检查

检查的方法常分为两类：一类是以检查丢、漏、误为目的的检查，这类检查多采用"正向确认"的方式进行；另一类是以判断解答方向是否正确为目的的检查，这类检查多采用"逆向确认"方式完成。但是，检查时仅用这两种方法是远远不够的，最好以多种方法结合，灵活运用，才能达到既快又好的检查效果。

2. 合理分配时间

考场上的时间分分秒秒值千金，所以要合理分配检查时间，尤其是时间紧张时，检查占分多的大题更为重要。

所谓学习好，大多是方法好

3. 从审题入手

检查不能漫无目的，可以考虑先从审题入手，再开始逐步检查。这样更容易防止出现大的错误，因为审题是进入试题最关键的一步。

4. 从条件入手

从条件入手，可以快速有效地审查出答案是否正确，这是最为直接的检查方法，较为简便。

从解答条件入手进行分析，看答案是否符合多种情况。这种检查方法比较省时和简便。

5. 查答题过程

答题过程是检查活动的主体，将题目的解答过程从头至尾阅读一遍，每一步都要以严谨的态度对待！

将题目及解答从头至尾阅读一遍，看看答题过程有无错漏之处，这种方法适用于简答题和论述题的检查。

6. 逆向检查

将结果代入公式，看看能否反向求解出原题所给的已知条件，或者是从已求得的结论，向已知的条件推导。这就是最典型的"逆向确认"的方式。

7. 检查答案

对于选择性试题，由于题型小、数量多，检查以后将题号和答案的符号写在一张纸上，然后一一对照，以避免出现填错格或漏填。

8. 重做验证

如果时间允许，可将某些试题重点重做一遍，如两次解答获得同一答案，这样的题解一般就不会有错。对于发现问题较多的试题，也可以重做一遍。

9. 有错纠错

也叫"毛病专检法"，就是在检查时间不足的情况下，专门检查自己平时容易出错的"老毛病"，比如移项变号、单位换算、语句不通、图形不正确及错别字等。

考场上看重的是得分，而不是抢先争第一名交卷。提前一分钟交卷，就减少了一分钟检查失误的时间和得分的机会。一定要让自己记住，无论试题多么容易，也不能提前交卷，即便是自己有十分的把握，也不要放纵自己提前交卷；一定要强迫自己，不到时间不交卷，坐也要坐到最后一分钟，说不定就是在最后一两分钟发现了某处有错漏。考场上每一分钟都是宝贵的，浪费一分钟都是不明智的，要在有限的时间内对试卷、试题反复认真地检查和验证，绝不能白白放弃考场上的每一分钟。

总之，在考试进行过程中，从容不迫，沉着冷静，主动有效地安排时间，保持良好的应考状态，就可以像优等生一样发挥出应有的水平。

　　　　所谓学习好，大多是方法好

优等生娱乐金法则

第五章

CHAPTER 5

阅读让你变天才

读书是获取多方面知识的最重要手段。许多科技人才不仅精读专业方面的书籍，而且有博览群书的兴趣。我国古代农业科学家贾思勰不仅认真钻研前人留下的农业科学著作，而且先后攻读了《诗经》《礼记》《孟子》《说文解字》等100多种书籍。富兰克林一生不仅刻苦研究数理化，而且通读历史、文学、哲学和社会学等书籍。达尔文一生精读了无数生物学著作，也读了无数生物学以外的书，其中包括幻想小说、各类诗歌、游记、传记、历史剧，甚至读了莎士比亚的全部著作。

博览群书会使人视野开阔，头脑灵活，思想丰富。而那些知识面狭窄的人往往总会头脑迟钝，思路狭窄，耳目闭塞。因此，我们认为，专读要与博览相结合，这是开阔思路、开阔胸襟的最好途径，也是学习知识、增强能力的重要原则。

细心的同学会发现那些优等生都非常热爱阅读，阅读对人的学习大有帮助。比如说，从生活中获取作文的材料，这当然是极为重要的途径，而通过阅读来积累作文材料则是另一条重要渠道，也是历代文学大家所极为倡导的。

当有人向欧阳修请教作文秘诀时，他便直言道："作文无他术，唯勤读书而多为之，自工。"在他看来，要写好作文首先要多读书。

对于这一点，元代学者程端礼做了很好的阐释。他说："读书如销铜，聚铜入炉，大鞴扇之，不销不止，极用费力。作文如铸器，铜既销矣，随模铸器，一冶既成，只要识模，全不费力。所谓劳于读书，逸于作文者也。"这里，他用很形象的比喻来说明读书与作文的关系：只要肯于在读书上下功夫，作文就会变得轻松而容易。

而对读与写，特别是快读与快写的关系讲得最鲜明、最透彻的是杜甫那句名言："读书破万卷，下笔如有神。"写文章犹如神助，写得又快又好，其原因是什么呢？就是大量读书、透彻读书。

而且，对于个人而言，"知识就是力量"在于知识可以决定命运。这句话有两方面的含义：一方面是指知识本身所具有的前所未有的巨大功能；另一方面，知识能够重塑人的性格，改善人的心态，从而通过学习铸就成功的人生。

用歌德的话来说就是："人不只是靠他生来就拥有的一切，而是靠他从学习中所得到的一切来造就自己。"

对此，许多至圣先贤，已有过明确而精彩的论述。

西汉文学家扬雄说："学者，所以修性也。视、听、言、貌、思，性之所有也。学则正，否则邪。"

英国的哲学家培根在《论读书》一文中说："读史使人明智，

读诗使人聪慧，演算使人精密，哲理使人深刻，伦理使人有修养，逻辑修辞使人善辩。"

相反，一个不读书、不求知的人，他的生活会是怎样的呢？

国学大师林语堂先生这样说："那个没有养成读书习惯的人，以时间和空间而言，是受着他眼前的世界所禁锢的。他的生活是机械化的、刻板的，他只跟几个朋友和相识者接触谈话，他只看见他周遭所发生的一切事情。他在这个监狱里是逃不出去的。但是，如果他开始走向读书、求知道路的话，那么一切都将改变。

"他立刻走进一个不同的世界。如果是一本好书，他便立刻接触到一个世界上最健谈的人。这个谈话者引导他前进，带他到一个不同的国度或不同的时代，或者对他发泄一些私人的悔恨，或者跟他讨论一些他从来不知道的学问或生活问题。"

"读一本好书，就是和许多高尚的人谈话。"这是歌德读书的经验。

求知、学习就是置身于一个成功的环境，就是聆听贤达的教诲，就是与成功者做朋友，就是向成功者学习成功的方法。知识是创新的准备，是竞争力的"内功"，是成功的积累。

爱迪生说得好："知识仅次于美德，它可以使人真正地、实实在在地胜过他人。"没有上述一切的知识的准备，你不会找到什么，也不可能碰到什么。要想成功，就必须牢记："知识就是力量。"

重要提示！

1.有些同学把读书当作一件苦差事，其实，阅读自己有兴趣的书籍是一种很好的娱乐活动，可以调节平时学习的紧张和压力。

2.阅读除了让你得到娱乐外，还增长了知识，开阔了视野，使你变得更加聪明智慧。

送你名人阅读法

下面介绍几类读书的方法，给同学们做参考：

1."善诵精通"

"扬州八怪"之一的郑板桥不仅是著名的画家，而且在诗、书方面也有很高的造诣。他曾这样描述过他读书时的情景："人咸谓板桥读书善记，不知非善记，乃善诵耳。板桥每读一书，必千百遍，舟中、马上、被底，或当食忘匕箸，或对客不听其语，并非自忘其所语，皆记书默诵也。"这段话告诉大家这样一件事，郑板桥读书是非常刻苦的。他在《潍县署中寄舍弟墨第一书》中还有一段话与之相印证，在信中他是这样对他的弟弟说的："读书以过目成诵为能，最是不济事。眼中了了，心下匆匆，方寸无多，往来应接不暇，如看场中美色，一眼即过，与我何与也。千古过目成诵，孰有如孔子者乎？读《易》至韦编三绝，不知翻阅过几千几百遍来，微言精义，愈探愈出，愈研愈入，愈往而不知其所穷。虽生知安行之圣，不废困勉下学之功也。东坡读书不用两遍，然其在翰林读《阿房宫赋》至四鼓，老吏苦之，坡洒然不倦。岂又是过即记，遂了其事乎！"

可以看出郑板桥不推崇"过目成诵"，而是主张经常诵读，只有在不断地反复吟诵之间才可能体会出书中言语的真义来。"书读百遍，其义自见。"郑板桥认为只有这样，才可以达到"愈探愈出，愈研愈入，愈往而不知其所穷"的境界。

郑板桥在读书中总结出了"善诵精通"的读书方法，他认为读书必须讲究"诵"，诵而后能精通。

2. 回忆法

所谓回忆读书法是指在无书的情况下回忆、体味自己曾经读过的书。作家巴金先生在这方面便有独到的见解。他曾在《读书》杂志上撰文说道："我第二次住院治疗，每天午睡不到1小时就下床坐在沙发上，等候护士同志两点钟来量体温。我坐在那里一动不动，但并没有打瞌睡。我的脑子不肯休息，它在回忆我过去读过的一些书、一些作品，好像它想在我的记忆力完全衰退之前，保留下一点美好的东西。"这种做法就是回忆读书法的最好的例子。

巧用回忆读书法是有许多好处的：

（1）可以充分利用时间，摆脱恶劣条件与不良环境的制约。

巴金先生说："回忆读书法可充分利用时间，有不受条件和环境限制的好处。人们会奇怪，我的书房给贴上了封条，加了锁，封闭了10年，我从哪里找到那些书阅读？他们忘了人的脑子里有一个大仓库，里面储存着别人拿不走的东西。"

这告诉我们：回忆读书法不受各种条件限制，让你在非常自由的知识的王国里遨游，是不是很轻便，很有效呢？

（2）可以做到温故知新，深入吸收营养。通过回忆，对过去所读之书一点点品味，就像牛羊反刍一样，可以促进消化吸收。每对读过的好书回忆一次，对书的理解、认识，对主题的把握都会更深一层。

（3）常温习读过的书，可以使人从中吸取精神力量。巴金先生说："我现在跟疾病做斗争，也从各种各样的作品中得到鼓励……即使在病中我没有精力阅读新的作品，过去精神财富的积累也够我这有限余生的消耗。一直到死，人都需要光和热。"

想要使回忆读书法成为一种奇特而有益的读书方法，你首先需要有回忆的内容，这就需要在此之前阅读大量的书籍，并对书中的内容有一定程度的了解和认识。

巴金先生曾自述道："现在有200多篇文章储蓄在我脑子里面了，虽然我对其中任何一篇都没有好好地研究过，但是这么多具体的东西，至少可以使我明白所谓'文章'究竟是怎么回事。"这种有意识、有计划地在头脑里"储书"，是读书治学必不可缺的基础性工程。巴金的回忆读书法也是值得我们每一个人借鉴的。

3. 多读、多写、多想、多问

（1）多读。所谓多读，有两层含义：一是指读的书数量多，内容广；二是指对有价值的文献书籍读的次数多，以至"滚瓜烂熟"的境地。

伟人毛泽东对读过的一些散文和诗词经常能达到脱口背诵的程度，在晚年时还能轻松地背诵500多首古诗词，他对很多小说的重要段落，也经常能一字不差地背下来，许多在他周围工作的大学生都自叹不如。

毛泽东一生酷爱的史书，便是一套线装的《二十四史》，它陪伴了他几十年，无数次地翻阅，使得这套书的封面都被磨破了。到1975年，毛泽东被病魔缠身，就连写字时手都打战，但是他还在许多书上亲手写下"1975.7 再读""1975.9 再读"等字样。他对司马光的《资治通鉴》尤为喜爱，在一生中他竟将《资治通鉴》通读了17次，而且在其中做了大量的批注。

（2）多写。毛泽东说："不动笔墨不读书。"可见，做笔记、写随感等也是读书的重要方法。毛泽东动笔的形式是多种多样的。

年轻时，他在课堂上听讲时写"课堂录"，在课后自修时写"读书录"，另外他还有选抄本、摘录本等。

他在读过的许多有价值的书中的重要部分都画了各种符号，在丰泽园的图书室里，由他圈点批画过的书就有1.3万余册。

　　所谓学习好，大多是方法好

例如，《伦理学原理》全书总共有 10 万多字，但是，毛泽东用小楷在书的空白处写的批语就多达 12 万字。读《辩证法唯物教程》时，他用毛笔和红蓝铅笔在书眉处也写下了将近 13 万字的批语。

他在延安读了艾思奇的《辩证法》一书后，就专门写了一篇读书笔记，写出了该书的提要和自己对该书的看法。毛泽东还有一个习惯就是写读书日记，上面写着书中的一些错误等，从中我们可以看出他对书籍钻研的深度与治学的严谨。

（3）多想。读书时的多想，是指读书时不仅要准确把握作者的思想，同时也要将自己的观念与其对照，并将自己对书中的一些看法用笔"谈"出来，就像与作者切磋一般。这种"笔谈"使读书变成了反复思考的过程。

毛泽东之所以能提出许多新颖的见解和精辟的评价，这些都是他熟读精思的结果。

（4）多问。毛泽东常说：学问，讲的是又"学"又"问"。我们做学问时，不但要好学，还要好问。

毛泽东青年时代就养成了勤学好问的习惯，成为中国的领导人之后，他仍然保持着这种多问的学风。他遇到不懂的问题后，不是读一些通俗的小册子，就是请教专家，或者查工具书。他就是这样通过多问来不断获取知识的。

4. 追本溯源法

在读书时发现问题后，可以和与之相关的多种书籍内容相联系，经过详细的分析、比较、求证之后，求得一个合理解释的读书方法，就是所谓的追本溯源读书法。著名学者钱钟书先生就曾采用过这种读书方法。

清代袁枚在《随园诗话》里曾批评毛奇龄错评了苏轼的诗句。

苏轼在诗中说道："春江水暖鸭先知"，毛奇龄评道："一定是鸭先知，难道鹅不知道吗？"

袁枚对毛奇龄的评语觉得既好气又好笑，如果要照毛奇龄的理解，那么《诗经》里的"关关雎鸠，在河之洲"也是一个错误了，难道只有雎鸠，没有斑鸠吗？

袁枚与毛奇龄的这场笔墨官司，到底谁是谁非，如果是一般人看看也就过去了，没有人会去深究。但钱钟书先生却没有就此罢休，草草了事，而要追本求源。

钱钟书先生把《西河诗话》卷五找了出来，看毛奇龄的原话：苏轼的诗模仿的是唐诗"花间觅路鸟先知"一句。寻路时，由于鸟熟悉花间的路，所以鸟比人先知。而水中的动物都可以感到冷暖，苏轼却说只有鸭先知，那就不对了。

按常理，比较严谨的人研究到这可能也会停止了，但钱钟书先生却没有就此打住。他又找来了苏轼的原诗《惠崇春江晚景》，诗中说道："竹外桃花三两枝，春江水暖鸭先知。"才知道苏轼的这首诗是为一幅画而作的，由于画面上有桃花、春江、竹子、鸭子，所以苏轼在诗中写道"鸭先知"。看来是毛奇龄错了。

为了将问题彻底弄清楚，钱钟书先生又找出了张渭的原作《春园家宴》，原作里写道："竹里行厨人不见，花间觅路鸟先知。"人在花园里寻路，不如鸟对路熟悉，这是写实。而苏轼在诗中说鸭先知，是写意，意在赞美春光，这是画面意境的升华，是诗人的独特感受，看来苏轼"鸭先知"之句无论从立意或是内涵来说都要比张渭之句高出一筹。

最后，钱钟书先生引用了《湘绮楼日记》中的"上上绝句"这句话来称赞苏轼，并指出毛奇龄只是会讲理学，讲诗往往别具心肠，卑鄙可笑，不懂得苏东坡的匠心。

从这一事例中我们不难得出钱钟书的读书方法——深钻细研，对各种相关作品相互参照相互比较，实事求是地对待各家之言。钱钟书的读书方法，有助于读书人博采众长、举一反三，进行新推理和新想象等多种思维的锻炼；有助于培养读书人严谨求实的学习态度；有助于提高读书人慎思慎取的能力。

要对问题进行追根溯源，必须有广博的知识为基础。钱钟书的博学，归功于他的博览。他阅读书籍所写的札记，用汗牛充栋来形容，毫不夸张；他写学术巨著《管锥编》时，所用的资料足有几麻袋。

正因为钱钟书善于追根溯源，他的《管锥编》纠正了前人的不少谬误之处。同时也充满了许多自创的新见。钱钟书以文学的眼光发现不少被文学家忽视遗忘的"文心"，丰富了我国的文艺理论。

钱钟书主张先博后约，由博返约。即先广泛涉猎，博览群书，然后再在此基础提炼吸收，追根溯源，形成自己的知识结构。这种科学的学习方法不仅使他成为一代学术泰斗，也为后学指出了正确的成功之路。

5."知人知文"法

我们在读文章的时候，不能完全对作者毫无了解。举个例子来说，不了解鲁迅先生的为人、性格以及其所处的时代背景，就不能理解先生文中的那种"中间余一卒，荷戟独彷徨"的抑郁不平之气！

著名作家贾平凹先生认为：你若喜欢上一本书，不妨多读。第一遍可囫囵吞枣，这叫享受；第二遍静心坐下来读，这叫吟味；第三遍便要一句一句想着读，这叫深究。三遍读过，放上几天，再去读读，常会又有再新再悟的地方。只有这样，才可能把握整本书的精髓。

贾平凹还说："你真真正正爱上这本书了，就在一个时期多找些这位作家的书来读，读他的长篇，读他的中篇，读他的短篇，或者散文，或者诗歌，或者理论，再读别人对他的评论和为他所写的传记，也可再读读和他同期作家的一些作品。"因为这样做往往能更深刻地了解你所喜欢的作品，读书带来的收获就更大。

贾平凹先生还指出："这样，你知道他的文了，更知道他的人了，明白当时是什么社会，文坛如何，他的经历、性格、人品、

所谓学习好，大多是方法好

爱好等是怎样促使他的风格的形成。"倘若你在读书时能够做到知文知人，那么你的理解能力、欣赏能力和创作能力也会相应地得到提高。

他经常对人说，读书应该抱持继承的态度，万万不可"跪倒"读，对任何作家作品绝无例外。

其实，任何一个大家的作品，你只能继承，不能重复，你在读他的作品时，就要将他拉到你的脚下来读。这不是狂妄，这正是知其长、晓其短，学精神而弃皮毛的读书精神。

读书要取其精华，去其糟粕，从而扬长避短，只有这样，才能达到继承和创造的读书目的。总结一下，贾平凹先生的这种读书方法，其重点就在于"知文知人，学以致用"。他将博与专、学与创相结合，不仅仅对那些爱好文学的人有帮助，对有其他爱好的人也一定大有裨益。

6.跳跃阅读法

跳跃阅读法，简称跳读法。它是指在阅读过程中，有意识地跳过一些无关紧要的句段或章节而重点阅读新颖、重要或自己感兴趣的那些内容的一种快读法。它不同于扫读，扫读是逐行或逐页地扫视，读物中的内容都要看到，而跳读法是有取有舍，跳跃前进，也就是略去一些次要内容，只摄取读物中重要信息乃至关键信息的阅读方法。读者可通过这种舍去或省略次要信息、非本质信息和冗余信息，着力捕捉重点信息、有用信息的方法来刺激大脑，争取做到视读与思维的同步或基本同步，较大幅度地提高阅读速度与效率。在实际的跳读中伴随着筛选、判断等多种快速的思维活动，并且使视觉与大脑的整合密切协调，绝不是随意地从这一部分跳到那一部分。所以跳读是一项比较高级的阅读技巧和艺术，不经过很好的锻炼，没有较好的阅读功力是很难驾驭好跳跃阅读法的。著名作家毛姆很推崇这种跳读法。即使是一本值得通篇全读的书，他也常用跳读法。他认为，人的欣赏趣味会随时代而变化，过去的许多杰作，今天读起来有些部分也会变得沉闷起来。比如今天大可不必再为18世纪盛行的道德说教伤脑筋，也不用为19世纪流行的冗长的风景描写费神。今天，我们所要着力于阅读的是与我们最贴近、最实用的内容，其他不实用的，或者"过时信息"完全可以跳过去不读。

运用跳读法应掌握哪些要领和方法呢？

（1）切记你要检索的有用信息，在目标与范围都非常明确的情况下去阅读。只有如此，你才能知道哪些内容应摄取，哪些内容可跳过，何时应下力阅读，何时可跳跃前进。

（2）拿到一种读物，不必忙着阅读全文，首先要快速浏览一下内容提要、读物目录、章节标题、黑体字等提示各部分内容和要点的文字，并凭此做出判断：该读物是否值得一读，哪些部分可读，哪些部分不必读。这可称为"探读"。美国哥伦比亚大学新闻学院院长爱德华·巴列特就特别注意这一点。他通常抽出一本书，便浏览一下序言，翻翻目录，查对几处索引，再看看有

　所谓学习好，大多是方法好

关作者的介绍，以此决定读不读和读哪些内容。他能在 15 分钟内对 10 本左右的书做出这种判定和评价。

（3）利用跳读法阅读时要有站得高、看得远的意识，放开视野去读。如老鹰从空中往地上觅食一样，凭借着锐利的眼光和准确的判断，快捷而准确地捕食地上的猎物；又犹如海鸟在浩渺的大海之上快速地掠飞，一旦发现鱼、虾，便俯冲至水中捕食，然后便飞跃前进，再掠飞，再捕食，从而形成一种快速略读而又飞跃前进的阅读态势。

（4）跳读要快速反应，善用技巧。跳读是一种高超的阅读技巧和艺术，其间，阅读者一定要反应快捷，及时应对变化，善用各种阅读技巧。美国速读专家爱德华·弗赖很注重跳读法的技巧。他读一种读物往往采用如下做法：①以最快的正常阅读速度先读完文章的第一段，或读到第二段，这时要全读，不能省略，目的是通过这一部分的阅读了解读物的大意、背景、风格和语言等，从而对全文有个概括了解。②在此基础上，文章以下的部分快速跳读或略读。有时只读几个关键性词句，有时跳读某一段落。在较仔细地读了某一段后，就在下面的段落中加快跳读速度，以赶回耽误的时间。他常常在读某一读物前，就确定必须完成的时间，其间便以不等的速度和不均匀阅读法，尽最大努力进行跳读，一定按规定时间完成。

7.搜寻猎读法

搜寻猎读法是指人像搜寻猎物般在茫茫书海中检索所需重要信息或资料的一种阅读法。这种阅读法对于治学是非常必要的，因为研究任何学问在很大程度上就是搜集信息资料和加工处理信息资料的过程。尤其是在现代科学技术迅猛发展的今天，各种出版物如潮水般涌现，负载着大量新知识的信息流，在冲击着我们的生活方式和传统的阅读方式。快速检索有用信息和资料的搜寻猎读法在今天也就特别受人们的青睐。

要运用好搜寻猎读法，需把握好如下几点：

（1）扩大视野。这就是说，为了获取更多有用的信息和资料，一定要放开视野，从尽可能广的范围，尽可能多的渠道，去搜寻有用信息，要少做限制。这正如打猎，如果仅限于在几个小山包、小山沟中寻找猎物，那就不会有大收获。这在信息搜寻术中叫作信息开源。在当今，读物特别多，每一种读物都是一条信息源，也都是一片信息场。要用好搜寻猎读法就要设法找到这些信息源、信息场，这就要跟踪新的图书资料、科技情报，特别注意翻阅如《全国新书目》《书刊导报》《书讯报》一类信息性书刊，扩大信息渠道。当然，如能借助现代化的信息网——因特网来检索信息那就更好了。撰写《中国科技史》的英国学者李约瑟，为了搜求中国科技史资料，不仅到中国各地的图书馆、博物馆搜寻资料，而且把搜寻的视野扩展到其他国家。我们应学习他这种精神和做法。

（2）目标专一。我们说，搜寻有用信息资料的视野、范围

　　　所谓学习好，大多是方法好

要尽可能扩大，而目标却要专一。这个目标，便是有用信息资料，而且一定是找现在所需要的，其他则一概舍弃，即所谓"有所取有所不取"，绝不能"捡到篮子里就是菜"。我国科学史家潘吉星为了弄清中国古代四大发明之一造纸术的来龙去脉，在古今中外的大量图书资料中紧紧盯住一个"纸"字，凡是与造纸有关的就手抄笔录，与此无关的便一概舍弃。二十年来，始终目标专一，从而搜集了大量有关中国造纸术的资料，第一次搞清了中国造纸的来龙去脉，一部《中国造纸技术史》也就写成了。

（3）搜寻的信息资料要准确无误，出处完整。只有准确的信息才是有用的，只有出处完整的资料才是可用的。

（4）搜读信息资料要快捷。这是提高效率的需要，更是当今快速发展的时代的需要。一条信息今天可能是很有价值的，而明天就可能是无用的"过时信息"。在当前，信息大战此起彼伏，胜负往往就在几天、几小时、几分钟，乃至几秒钟之间。我们要以"只争朝夕"和分秒必争的精神运用搜寻猎读法去快捷地搜检有用的信息资料，让这种读书法发挥出更大的功效。

除阅读以外，我们也不可忽视记忆的作用，阅读的目的既然在于吸收知识，那么我们必须采取有效的记忆方法，才会有所收获。

举一个例子，一个抽屉里放满了杂物，现在让你记住这抽屉里的杂物：钥匙、卡片、清凉油、刀片、水晶球、香水、书、废纸、花、各种各样的小玩意。这个抽屉里的小东西可能有数百件，一拉开里面满满当当。你来回地翻看，想把它一一记住，可你翻了很多遍，还是记不住。

但是，有一个简单的方法：你把这个抽屉里的东西都倒出来，把东西按照你的想法分分类，整理一遍，再放进去，你就有可能把它们都记住了，以后找东西也好找了。

这个例子其实包含着特别深刻的启示。

大部分同学读课外书都是仅浏览而已，就像拉开抽屉一遍又一遍看，实际上，要想记忆，有所收获还是很困难的。怎么办呢？

思维真正积极介入的阅读是对书籍的整理。

一本书打开，不是从第一页、第一行逐字逐句往下看，而是从一开始就在整理它。常常先看目录，把目录上的篇、章、节看一下，多少章，多少节，大概结构是什么。再把前言、后记看一下，找到作者的主要思路，在每一章、每一节中，又做出自己的概括。然后对这本书进行分类、归纳和总结。

这样的阅读，才是理解、记忆的阅读。

这样的阅读，才是优等生的阅读方式。

这样的阅读，才可能有收获，有发展！

重要提示！

1.读书要讲究方法，对于好书，要反复读，重要段落、篇幅要背诵默记。

2.看书不仅仅是用眼睛看，还要大声朗读，勤于动手，做到手脑并用，才算下了真功夫。

3.对照一下名人读书的方法，找出自己的读书方法有哪些不足，是否太肤浅，太轻浮。

4.读书既要求精，又要求广，精以深研，广以博取，一纵一横，汪洋恣肆，方能自成一家。

做最积极的活动分子

谁都渴望在有意思的游戏中快乐成长，做一个体魄健壮、生龙活虎、热爱生活、勇于探索、善于迎接挑战的人。

大家应该发现优等生们往往是最积极的活跃分子，他们在学校里，总是投入到各种各样的活动中，大显身手！

但是，亲爱的同学们，你们知道吗，在这些活动中，优等生不但是为了玩得开心、放松，而更为重要的是这些活动培养了他们的很多能力和素质。

比如说有一项智力竞赛的活动，与所学知识无关，只是为了锻炼同学们的反应速度和分析问题的能力。不要认为优等生一定比你聪明，如果你去参与这项活动，他们未必是你的对手！

活动的最开始，锻炼的是我们的勇气和信心，因为参与是基础，然后进入其中，每走一步，每回答一个问题，都需要我们的镇定，需要我们的思考。众所周知，在这个世界上只有一种事物是常用常新的，那就是我们的大脑。即使在竞赛活动中，我们出现了失误，依然要对自己说没关系，我们会总结失误的原因，避免再犯同样的错误。只要将活动进行到底，我们的看法和意见得到表达，我们就是成功者。毕竟，学校竞赛活动贵在参与，友谊第一！

我们在总结这件事情的意义时，会发现我们真的受益匪浅：我们敢于表达了，我们学会独立思考了，我们不怕竞争与失败了，我们就成功了！

我们获得的成功和能力，对于学习来说，大有裨益！

再比如说，学校在暑期举行的夏令营活动，我们发现班级里的优等生大多争先恐后地加入，那是因为他们不想错过与大自然亲近的机会。我们也应该亲近大自然，向大自然学习！

人类是大自然的产物，大自然永远是人类知识的源泉、是人类的老师，所以我们青少年的知识，不仅要从书本中、实践中学习，也要从大自然的研究与探索中获得。生物学家达尔文从 1831 年登上贝格尔号舰到南美等地对动植物进行实地考察开始，前后经过 27 年的探研，获得了许多书本上没有的宝贵资料，终于在 1859 年提出了以自然选择为基础的生物进化论，"第一次把生物学放在完全科学的基础上"。其他如华莱士、第谷、古多尔和我国的李时珍、徐霞客等在不同领域做出重大贡献的人，也都是善

所谓学习好，大多是方法好

于直接在大自然中探寻宝藏的能手。

夏令营活动会告诉我们什么？你是否思考过这个问题呢？对于同学们来说，在夏令营活动中，我们要经历很多锤炼。我们曾面对很多问题，我们曾挥汗如雨，所幸的是一种面对挫折不说放弃的态度会影响到我们的精神世界，会影响到我们以后的学习生活，会影响我们以后走向成功的人生之路！

有这样一种说法，学校不再是有院墙的学校！什么意思呢？每一个同学应该好好思考这句话，其中蕴含着很多信息与启迪，它告诉我们的是——走出去，不要总是在校园里那个小小的课堂故步自封，我们还要看看我们伟大祖国的发展，看看这个世界的发展！我们头脑里需要不断注入新鲜血液、新鲜力量。

想成为优等生的同学们一定不要忽视活动的重要性，活动其实是我们走出狭窄小课堂，进入精彩大课堂最好的渠道。当今的时代已经不是以往的陈腐时代，它对优等生提出了更高的要求，我们必须迎接这个挑战，牵着勇敢与智慧的手，走向精彩的人生。

所以不要等待，不要犹豫，相信自己是优等生，你可以轻松从活动中取得不竭的力量之源！

你的自信心、你的勇敢、你的洒脱、你的乐观、你的笑容、你的专心、你的兴趣、你的活动能力，都会在各种活动中得到验证，得到提高！

1.活动是我们走出狭窄小课堂,进入更加精彩大课堂的最好渠道。积极参加各种活动,能增长见识和才干。

2.活动能激发我们对生活的热爱之情,让我们从压抑、沉闷中摆脱出来,变得生龙活虎,充满活力。

3.学校不再是有围墙的固定场所,要敢于走出象牙塔,感受一下现实生活中的种种现象,为头脑不断注入新鲜血液,新鲜力量。

运动让学习更有效率

俗话说,身体是革命的本钱。也可以说,身心健康是成功的保证。"生命在于运动",适度的体育锻炼不仅使身心健康,而且也能提高学习和工作的效率。

学校体育是与德育、智育、美育等相配合的整个教育的组成部分之一,学校体育的主要作用在于增强学生体质,促使他们得到全面发展,为提高学习质量,创造良好的身体条件。经常从事体育锻炼,能提高肌肉的力量、耐力、速度和灵活性,增加骨骼的负荷量。体育运动能使心肌发达有力,增强血液循环,增大肺活量，促进消化功能，增加营养的消耗和吸收，从各方面促进身体的新陈代谢机能。体育锻炼还使神经系统机能在强度、平衡性和灵活性等方面都受到锻炼。总之，体育锻炼能使身体素质和机能得到全面健康的发展，能够使人们精力旺盛、情绪饱满、生气勃勃地进行学习和工作。

体育锻炼是提高学习效率的有效措施。经常参加体育活动能使体质增强，保护身心健康，提高机体对环境的适应能力。许多观察和实验研究表明，学校组织学生经常参加早操、课间操、体育课和课外锻炼，不仅增强了学生的体质，而且显著地提高了学生的智力活动水平，形成了健康的个性品质，提高了学习的效率。反之，如果不注意参加体育锻炼，长年缺乏必要的体力活动，那就会产生"肌肉饥饿"的症状，四肢无力，腰酸背胀，精神不振，精力涣散。

人常说："生命在于运动。"不运动，生命就会枯萎，健康就会受到影响，随之而来的是衰弱和各种疾患，学习成绩下降，学习效率降低。

在运动时要注意运动量适度，过大或过小的运动量都不能取得好的效果。研究结果表明，进行适度的体育活动能提高学习的效率；运动量过小或过大，都会降低学习效果。同学们要针对自己身体和心理发展的特点，进行适量的体育锻炼、适度活动，以身体和精神感到舒适、没有疲劳感为宜。运动量过小，内容过于简单，则不能使身体各部分得到充分运动，身体和心理都没有达到舒畅感觉；运动量过大或活动形式不当，过于疲劳，则会对学生的健康产生不良影响，阻碍身体发育。运动量大小的安排与年龄特点、性别、身体素质都有关系，在安排活动时应予以考虑。运动量与学生个性特征也有很大关系。爱活动的学生往往喜欢运动量大的运动项目，长时间地运动，容易产生疲劳，不利于学习，不利于身心健康；不爱活动的学生，则稍微运动一下就停止，也达不到应有的效果。所以，在运动时，一定要注意达到适当的运动量。

体育活动的方式多种多样，有游戏类、球类、田径、游泳、体操和武术等运动，还有竞赛性的体育运动。各种运动方式的选择，要因个人的年龄、性别、体质和个性特点的不同有所不同。

除体育锻炼外，参加适量的家务和生产等体力劳动也有助于增强体质和提高学习成绩。专家研究指出，脑力劳动和体力劳动合理地交替进行，有利于提高学习效率。

请记住古希腊时期流传的一句格言："要想成为健壮的人，就去跑步；要想成为漂亮的人，也得去跑步；要想成为聪明的人，还得去跑步。"可见体育锻炼之重要。

劳逸结合解除你的疲惫

所谓疲劳是指人们在连续工作或学习之后，工作或学习效率逐渐降低的现象。在经历了长期、紧张的学习或工作之后，会出现疲劳现象，而且伴随疲劳的发生，人们会产生渴望停止学习或工作的心理倾向，注意力不集中，思想紊乱，动机改变，效率降低，错误会频繁地出现。

古人头悬梁、锥刺骨地学习，最后大多能够学成，有出息。这种学习的毅力自有其值得称道的地方，但大家不觉得这样的学习太辛苦了吗？如此学习反而把学习搞得很被动。

摆脱了繁重的学习压力，我们便有时间做一些自己喜欢做的事情。老师常说"学生的首要任务是学习"，但这并不意味着我们的生活中就只有学习。适当放松、休息，发展自己的课外兴趣爱好，可以调节自己的心情和心理状态，以最饱满的热情迎接每天的学习。那么，为什么有些人会"玩物丧志"？这就是一个"度"的问题，要适可而止，"玩"只是让疲惫的大脑得到一些休息，学才是我们的主业。做一件事就要投入100%的精神，专心致志。相信没有一个人在投篮的时候还在想着怎样对球进行受力分析。同样地在学习时，脑海里也不要浮现刚才那个精彩的进球，或某个美妙的回忆。这样，才能创造最高的学习效率。

生理状况是影响我们学业和事业成功的重要因素之一。良好的生理状况使人的精力旺盛，精力越旺盛，机体的效率越高；机体的效率越高，人的感觉就越好，就能更多地利用自己的才能创造奇迹。精力是成功的燃料，健康是一切力量的源泉。

对于我们来说，要想让"学习机器"顺利地运转，那就让机体保持在最佳工作状态。有人认为，有效的学习条件，首先是要保持身心的健康。这似乎是常识性的问题，但事实上，许多人却不能正确对待，甚至不少人在这方面存在着严重的问题。例如，在面临重大考试的时候，有些学生让自己的身体和心理置于高度紧张之中，因开夜车而缺乏睡眠，又缺乏运动和休息，最终使自己处于过度的压力和焦躁之中。这不仅危害身心健康，而且影响学习效果。

如何才能实现劳逸结合，使我们的身体保持最佳工作状态呢？良好的睡眠、适当的休息、适量的体育锻炼、合理饮食和营养，这些都是必须注意的。这里，我们重点说说睡眠对我们学习的影响。睡眠能使人的精力得到恢复和补充，能清除神经系统内积累的杂质和毒素，充足的睡眠能使人精力充沛，头脑清醒，思维敏捷，智力活跃。睡眠还能对所学知识有加工组织作用，所以睡眠是一种主动的生理过程。有位专家指出："正常的睡眠过程就像一次大扫除，是摆脱烦躁不安或思维混乱的最佳方法——用睡眠清除它们！"

许多同学学习时喜欢开夜车，减少睡眠时间，实在是得不偿失，是一种有违科学的方法。更有甚者，如果长期减少睡眠时间，开夜车，可能产生失眠症或神经衰弱症。开夜车是一种很危险的倾向，从长远来看，于身体、于学习都是有害而无益的。

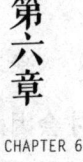

第六章

CHAPTER 6

优等生生活金法则

把学习融入生活

学习是一种理念，只有把这种学习的精神带进生活中，生活才会因此更精彩，而学习也将更加有意义。那时，同学们就会觉得学习无处不在，学习过程本身也就变成了一种有趣的游戏。

首先，学习可以不分地点。难道一定要在书房和图书馆里学习，才能学习得好吗？答案当然是否定的。举个例子来说，在大街上看到了英语的路标，在超市看到英语的商标，我们都可以学习一下英语。甚至我们在看电视的时候，看到了有关历史题材的电视连续剧，我们都可以再考证一下历史书，看看电视剧中哪些情节是历史上真实发生过的，而哪些情节是编剧杜撰的。如果被你发现了杜撰的部分，可以讲给你的爸爸妈妈听，也可以讲给你的同学朋友听，他们会觉得你学识好渊博。

当然，看漫画书、看电影时，你也可以学到很多很多的新知识，去商店买东西找零钱的时候，你也别闲着，让大脑运转起来，可以练习一下数学计算呢。

当送报纸的叔叔把报纸送到你手中的时候，不要把报纸弃到一边，认为看报纸只是爸爸妈妈的事情。你可以通过阅读报纸上的生字生词，复习在学校里学过的内容。看到路边花坛里的花，也可以联想到在课堂上学过的各种知识。

学习，并不一定是要拿着书，摇头晃脑地背诵，我们身边到处都有值得学习的东西。

大家一定都能熟练地使用自己的母语。例如几个朋友一起聊天的时候，有人开玩笑或者说点方言，大家都能听懂，还会积极对答，显然，我们无须特别学习，就能很自然地运用母语。

观察一下小孩子，他们听父母、周围的人和电视里的人说话，很快就熟悉了自己的母语。

父母常常给孩子看一些配有单词和图片的卡片，通过这种方法教孩子说话。慢慢地，孩子就学会了用手指指着各种东西提出问题。

他们的问题会越来越多，为了满足无穷的好奇心，他们甚至会翻出各种东西，把家里搞得一团糟。在孩子眼里，所有的东西都是陌生的、新鲜的。

还记不记得我们曾经说过，所有的学习都是从好奇心开始的。我们每个人都曾经对周围的环境充满好奇，为了解各种新事物、解答各种新问题努力过，所以现在，我们可以没有障碍地使用自己的母语。

即使是第一次听到的词语，只要查查字典，或者问一下别人，你立刻就明白那是什么意思了。

在接触一种新语言的时候，我们都应该向牙牙学语的孩子学习。不管碰到什么，都多看，多读，多问，甚至不管把什么放进嘴里，都想想用这种语言应该怎么说。

在这个世界上，我们不了解的东西太多太多，我们应该永远保持一个无知的孩子的好奇心，不断地学习。

就像蜜蜂采蜜一样，到处汲取知识，日积月累，你的头脑会越来越充实。

你身边可能有这样的同学：问他什么，他都知道，他就像个万事通。他们大都有强烈的好奇心，他们的学习成绩通常很好，因为他们喜欢问问题，还能记住答案。

从生活中获得的知识，比在学校里得到的知识更加宝贵，因为这些知识的弹性很强，也就是说，他们的应用范围很宽。

从各种渠道获得的知识，最终都会对语文、英语、数学、自然等科目有所帮助。掌握了这种学习方法的同学，每天都可以学到很多很多知识，想一想，是不是好棒呢？

学习在生活中无处不在，而有一种方法在学习中无处不在，那就是思考。不要只是坐在书桌前学习，而是要怀着好奇心，积极从周围的所有事物中学习、联想。

大家是不是觉得，聪明的人学习就好，不聪明的人学习就不好呢？有些同学不管怎么用功，还是没法提高学习成绩。其实，并不是他的脑子不够用，而是他的学习方法出了问题。所以，有一个问题大家必须明白：怎样让我们的脑袋更聪明？

有些同学，把老师留的作业一丝不苟地完成了，别的就什么

所谓学习好，大多是方法好

也不肯多想了，他们通常被叫作"模范生"。这个称号虽然也有肯定的意思，但更多的是否定的意味，给人一种缺乏想象力的感觉。今后，大家应该更多地培养思考能力和判断能力。

大家是不是都想成为聪明人呢？

那么，从现在开始，让我们一点一点来学习吧。要培养这种思考能力，大家就要坚持不懈地对自己的头脑进行训练。就像一支优秀的足球队，在比赛之外，要花更多的时间训练。

那么，到底怎么训练大脑呢？

首先要进行判断力的训练。所谓判断力。就是大家看到某个事物或某种状况时，准确把握自己该怎么做的一种能力。为了培养这种判断力，必须养成一种习惯，那就是在做任何事之前，先要考虑最好的方法是什么。

比如说，现在我们要去市内的一家大书店。

首先我们要思考的是，我们要用什么方法去呢？从家到书店，没有直达的公交车。而路上的车很多，还可能发生了堵车的现象。如果坐公交车，就需要花很长时间，所以，我们选择坐地铁。通过思考快速找到最好的方法，这就是判断力。

大家都应该养成这样的习惯：在遇到各种情况和问题的时候，要认真思考，看看哪种方法是最好的。

然后要培养的就是分析能力。

什么是分析能力呢？分析能力就是遇到事情的时候，找到它的原理。学习好的同学，解答一道题的时候，会找到最佳的解决问题的原理，然后应用到其他问题上。

这种分析能力可以帮助大家在考试时取得好的成绩。

你一定会问，要怎么做才能培养这种分析能力呢？

例如，看推理小说、侦探小说，或者公安题材的电影时，你可以跟着剧情一起思考：到底案情会怎么发展呢，究竟谁是罪犯呢？经常猜谜语，或者玩拼图，慢慢地，就会养成勤于思考的习惯。遇到各种事情时，不要慌张，要有一种冷静的思维方式，就是去想为什么会发生这件事。还要考虑该怎样处理这件事情，哪种方式更有效更直接。

我们经常会听到很多俗语，那么，大家是否想过这些俗语是怎样从民间收集的呢？经常这样想，对培养分析能力是非常有帮助的。

这样不断地培养判断力和分析能力，逐渐就会养成遇到任何事情都能认真思考的习惯。

重要提示！

1.只要留心，生活中处处都是学习的地方。把学习融入生活，你会收获比课堂里多出百倍的知识。

2.从生活中获得的知识，比在学校里得到的知识更加宝贵，因为这些知识更实用，适用范围更广。

所谓学习好，大多是方法好

在生活中学语文

优等生都是有心人，一张画、一首歌，都可以成为他们写作的素材。其实，我们在语文写作的过程中，也可以写出精彩的句子，只要把事情想象得丰富有趣。

还要告诉你的是学习语文要积累词语财富。

先给你讲一个故事吧：

小和尚甲和乙，分别在两个庙里修行，每天都在同一时间下山去溪边挑水，不知不觉过了5年。突然有一天，溪边只剩甲在挑水了，他很纳闷，那个和尚乙哪里去了？过了一个月还是没有看到乙来，甲忍不住去探望。来到乙的庙里，甲大吃一惊，那个和尚乙正练拳呢！甲问乙为什么不再到山下挑水喝了？乙指着一口井笑着说，五年来，不管多忙，他每天总会抽空挖这口井。一个月前，井里终于冒出来清水，他就不必再下山挑水，可以腾出更多的时间来专心练拳了。

语文学习其实也是这个道理，每天拿出很少的一点时间去读几页书，随处随时学几个生字，多学习那么一点知识，多留意一些别人平时不注意的事情，就像抽空挖一口井，不知不觉井里就有水了。"积水成渊，蛟龙生焉"，意思是说，浅浅的水积成深深的水潭时，就会孕育出蛟龙来。

不要小看一个词、一句话的收获，或许正因为这一点一滴的努力，你就会走在别人的前面，成为优等生。

所以要多把握身边容易溜走的点滴时间，随时积累你的言语财富，你的语言在不经意间就丰富起来了。

比如说当你看到一个有趣的成语故事，就把它讲给同学或家人听，这不但是个轻松记词语的好办法，而且还能增加你的个人魅力呢！当你出口成章，妙语连珠时，大家一定会对你刮目相看的。

同学们，你们一定要记住，一个主动挖掘词语"宝藏"的聪明人，语文成绩肯定比"守株待兔"的人强！

当然积累词语也是有方法可循的，给你介绍以下 3 种方法：

1. 归纳总结法

把以同样字开头的词放到一起去，如：一往情深、一览无余、一夫当关、一马当先、一心一意、一筹莫展等，都是以"一"字开头；再如以"月"字开头，如：月华如水、月明星稀等，都是以"月"开头的。

还可以把结构相似的词聚合在一起，如：声东击西、大惊小怪、出生入死、南辕北辙、前呼后拥、左思右想、思前想后、左顾右盼。

重叠的词也可以放到一起去，如：寻寻觅觅、冷冷清清、风风雨雨、隐隐约约、家家户户、千千万万等。

2. 连接法

把词语首尾连接起来，组成词语长龙，如"天道酬勤——勤劳刻苦——苦不堪言——言不由衷——衷情如斯——斯文得体——体无完肤——肤如凝脂"也可以和你的朋友做这样一个游戏，看谁接力接得好。

3. 讲故事

如叶公好龙。古时候有个人叫叶公，他说自己非常喜欢龙，他的房间里，雕梁画栋，全是龙的图案。天上的龙听到了非常开心，于是降落凡间来看叶公。叶公看到龙的时候，惊恐万分，慌慌张张地跑掉了。这个成语就记住了吧，叶公好龙就是形容那些假装好恶的人。

再比如说在生活中有的人总是不专心，三天打鱼，两天晒网，那就是"三心二意"了。

怎么样？这3种方法学会了吗？

语文是一门非常有趣的学科，只要同学们按照方法坚持下去，循序渐进，你的语文成绩一定会突飞猛进的！

重要提示！

1.学习语文不能局限在课堂和教科书上，留心观察，你就会发现，生活中处处都是学习语文的场所。

2.学习语文最重要的是日积月累。扎实的语文功底不是一朝一夕能办到的，也不是临阵磨枪能急就的，必须在平素一点一滴地积累。

让英语学习成为生活习惯

　　站在英语学习大门口的人，总希望能找到一条"速成"的捷径。但是，英语的学习是一种新的语言习惯的养成，需要数年，甚至更长时间的日积月累。下面我们介绍方法给同学们，让同学们把英语的学习融入生活中，轻松学好英语。

　　首先，我们需要纠正同学们在英语学习中可能存在的误区。

　　第一个误区就是用一种单一的技能代替5种技能。大家知道我们习惯上把英语学习分成5项技能：听、说、读、写、译，这已成为很多同学学习英语的标准。比如说，看到一本英语的口语课本，翻开几页一看，都看懂了，就认为太简单了，对自己过于自信，这种错误是混淆了"看懂"与"会说"的概念。看懂了不等于会说，练习口语，内容不能太难，这是一定要注意的。

　　第二个误区是把知识当成技能。打个比方，假如你想学习骑自行车，有人给你一本名字叫《如何骑自行车》的书，你把书从头背到尾，甚至倒背如流。这时，你有了很多的关于如何骑自行车的知识，但是，你肯定还不会骑。原因是骑自行车不是简单的知识问题，它首先是一项技能，核心问题是练，光有书本知识是不行的。学英语当然比学自行车要复杂得多，但它首先也是一项技能，只默背单词是远远不够的，必须练，要把知识转变为技能。知道不等于知道怎么做；知道怎么做，不等于实际上会做。从知

　　　　所谓学习好，大多是方法好

道怎么做到实际中会，做中间有个反复练习的环节，也就是下苦功夫。学技能所要遵循的原则是"在做中学，学以致用"。

第三个误区是速成心理。必须认识到，要想学好英语，需要我们的努力。但是努力的方法有好有坏，比如记英语单词，低着头拼命默写，这就不是一个好方法。好的方法是大声地朗读，反复训练发音器官和耳朵，把声音铭刻到脑子里。这样既可以提高听力，又可以改进口语发音，还记了单词。默写只是训练了眼睛和手，可是它们不能替你听和说。

第四个误区是在学生中最流行最常见的，那就是用汉字记音。翻开好多同学的书，都会发现用汉字来记英语发音的这种情况，这是极其错误的。首先，这样记录不标准，导致你的表达有问题；其次，长此以往，不准确的发音很容易让你的听力受损。想一下，当我们在最容易形成习惯的时候，养成了不良的习惯，那么以后当我们想改掉的时候谈何容易！

第五个误区是重结果不重过程。学习质量和学习效果当然取决于学习的过程，大家只有按照学习的规律和正确的学习方法，一步一个脚印地学习，才会收获好的学习效果。

要把英语的学习要转化为一种兴趣，并把这种兴趣真正地融入我们的生活习惯中来，才会转化成为持续的动力。

就拿英语词汇来说，有兴趣学习，我们才会对着镜子练发音、练口型，还会抓住一切机会和同学、老师、朋友用英语说话。而只有把兴趣变成持续的动力，我们才能掌握大量的词汇。学习词汇，如同交朋友一样，一回生，二回熟。从记忆、理解，到运用，都需要反复接触，反复练习。记忆单词的过程是学习科学思维的过程。单词学多了，我们就有规律可循，不再是孤零地记单词，而会记住它的"左邻右舍"，记住它的上下文，即知道单词的语境。

在学习外语的过程中，很多同学对于听力训练的理解有误区。他们认为课文应该反反复复地听，直到听懂了文中的每一句话、每一个词为止。一些同学甚至要将听到的全文一字不漏地写下来，才认为达到了学习目的。

而实际上，生活中很少有这样的要求。很多情况下，我们都只需要了解所听到的信息的大概内容，或者选择性地听，而不需要听懂所有的信息。

我们从平常的听力训练中做起，专心致志地听重要的信息，那么，考试的时候我们的听力自然也就有重点、有目标，做听力题也就不成问题了。

有人说语言是工具，有人说语言是行为习惯。这些说法都不无道理，它们都包含着一个共性：练和用。工具只有常用才能熟练，使用起来才会得心应手，行为只有多次重复才能成为习惯。提高口语是一个很重要的问题，口语提高的诀窍是什么呢？

口语提高的关键在于"练"，天天练，时时用。多练才能熟练，熟练才能生巧。先张口、不怕错，与人对练，"自说自话"。"自说自话"是极有效的提高口语的一种方法，是为自己营造不受时间、地点及空间制约的语言环境。不用担心说错，先张口，后求正确；不会说的可记下，事后向他人请教，或在阅读时，有意识地注意英语是如何表达的。

另外，多读一些简单的英语读物，也是提高英语学习的好方法。阅读简易读物是吸收新语言的最好途径，这些读物中生词较少，不用费很大精力查字典，注意力可以集中在内容和文字的表达方法上，因此能读得快，读得多。

这样，一些基本语法和词汇现象可以反复接触，而且可以认识许多英文语法和词汇现象，从而加深对英语语言的了解。读简易读物，反复见到一些常用词汇和语法现象，便于我们学习一些基本语言知识，例如，语法、词汇搭配，又便于巩固已学过的知识，使其成为技巧。

那么，应该看哪些简易读物呢？哪些读物能让你提高得最快？最好读一些没有专业词汇、文字较简单、篇幅较短、内容有吸引力的作品。这样容易看得快看得多，给自己树立信心。还可以读一些短篇的传记或旅行见闻性质的文章，甚至一些世界侦探小说名著，等等。要避开专业词汇较多、描写太细的作品，通过阅读这些书不仅能学到语言而且还能了解英美国家的风俗习惯和文化背景方面的知识。

重要提示！

1.英语的学习是一种新的语言习惯的养成，需要数年，甚至更长时间的日积月累，绝非短时间可以急就。

2.学习英语最重要的是要把这种学习转化为一种兴趣，并将之真正融入我们的生活习惯中来，才会转化成为持续的动力。

3.对于初学者来说，要多读一些浅显易懂的英文原版书，增强自己对英语的直感能力。

在生活中学习其他学科

同学们，你们知道吗，春天什么花先开？最先开的花什么时候凋零？为什么野草都比较低矮？为什么不浇水树就会枯萎？

其实，这都是自然课上要学习的，然而，要上好自然课，除了在课堂上听讲，走出课堂外，日常生活中的细心观察也是很重要的。春夏秋冬，你可以在不同的季节观察学校的风向标，观察风的方向，也可以通过看晚上新闻联播后的气象预报，了解一些基本的自然现象。

我们只有对日常生活中发生的现象怀着好奇心，然后通过自然课的学习，把原理和概念进行整理，这样才能进一步学习那些更复杂、更深奥的现象。

这些原理和概念，都是无数科学家经过毕生的努力得到的结论。一个科学家发现或者发明了一种东西，其他的科学家就都以这个为基础，找到新的发现和发明。自然这个学科，就是在基本

所谓学习好，大多是方法好

原理和概念上一层一层发展起来的。

可是，在整理这些内容时，有的同学只背诵一些用语和句子，这是不行的。要想学好自然课，最重要的是一边理解，一边记忆，还需要实验和观察。实验和观察也成了很多同学不喜欢自然课的理由。许多同学认为实验用品的名称和使用方法很复杂，记不住，另外，有的同学在实验和观察时没能得到预期的效果，渐渐对自然课失去了兴趣。

让一些同学烦恼的问题，在另一些同学眼里，却是吸引力。探索精神使后者对同样的事情产生了完全不同的态度。

请大家平时深入观察生活中发生的各种现象，然后把疑问记录下来，通过实验和观察，思考它们产生的原因。在思考中，又会出现新的问题，需要进一步的实验和更仔细地观察。就在这样一个提出疑问和寻找答案的过程中，你会发现，实验和观察的时间过得很快，而且，非常有意思。

著名的科学家爱迪生小时候上课时总会提出各种稀奇古怪的问题，惹得其他同学笑话，可正由于这种探索精神，他最终成了一位伟大的科学家。

如果你做了很多实验和观察，仍然没有得到预期的效果，也不要放弃，要多问一些为什么，也可以请老师帮忙。这时候请教老师，绝不是什么不好意思或羞耻的事情，只有那些勤学好问，拥有探索精神的人，才能成为未来的科学家。

同学们，你的故乡是哪里？你已经听到好多你们那儿的故事了吧？那我们可以在身边的故事中学历史。

　　我们在历史课上学过的内容，其实都可以看成一个个故事，那些史实包括地理、经济、政治等多方面的综合内容。比如说你听到的有关自己家乡的故事，学到了很多关于那里的文化遗产、气候、交通、地形、特产等知识，那不就相当于没有在教室，却上了一堂丰富生动的历史课吗？

　　很多同学认为历史课只要死记硬背就可以了，他们每次考试之前都把重要的条目写下来，却不知道来龙去脉，这样，也就没有好的成绩。

　　从故事中学习历史本身就是一个很有趣的活动。在上课的时候，首先要找到整个事件的重点，或者说是脉络，在把握了整体脉络之后，再把需要背诵的记下来。如果一上来就死记硬背，那么既没有理解，也记不了多久。

　　在故事中学历史，还可以帮你找到与同学、朋友们交流的话题，增长很多知识。让我们好好学习历史吧，它不但可以让我们考个好成绩，还可以让我们成为其他同学羡慕的故事大王。

　　　所谓学习好，大多是方法好

第七章

CHAPTER 7

让孩子尽快地站到
成功的门前

要言教，更要身教

有些父母把孩子送到学校时，总喜欢说："老师，这孩子全交给你啦，拜托啦！"其潜台词是"与我无关啦"。其实，绝对不是如此就行的。好的家庭往往是父母伴随着孩子的共同成长，坏的家庭往往给孩子负面影响。有些家长总以工作繁忙为借口，认为教育孩子是老师的事，教育好坏也是老师的责任，不注意自己的言行举止，不能用自己良好的思想、行为去影响教育孩子。

家庭是孩子的第一所学校，父母是孩子的第一任老师，家庭教育在青少年成长过程中，起着不可估量的作用。父母在生活的点点滴滴中，言传身教，以身作则，通过榜样示范，在潜移默化中实现对子女的教育和影响。

在一次家长和孩子一起参加的交流会上，孩子给家长提意见："家长要我们学习，自己却跑去打麻将，我们怎么能学得好？"面对孩子如此"发难"，家长们很快将问题踢给了学生："有的家里家长打麻将，孩子还不是照样学得好，一个人学不学得好还是得靠自己……"

家长的表现引发孩子们集体起哄，沟通的场面变得有些尴尬。

所谓学习好，大多是方法好

这就是亲子沟通中一种常见的误区。在生活中，不少孩子对家长的言行提意见时，家长很少"就事论事"，而是很快地将皮球踢回给孩子，将问题的矛头直接又指向了孩子；同样，家长质疑孩子的贪玩行为时，一些孩子往往一味顶撞，最后亲子之间的关系只能越闹越僵。归根结底，是家长没有认识到自己言传身教的重要性。

"喊破嗓子，不如做出样子"。父母一次行动上的正确示范，往往胜过上百次的说教，特别是小学生，他们年纪小，模仿力强，而分辨的能力差，跟什么样的家长就容易学成什么样。父母在生活中必须注意自己的言行举止，加强自身的修养，给孩子一个正确的引导。

然而，一些家长很不重视自身的修养，还说什么"树大自然直，教育子女无须什么科学的知识""家长咋管咋有理"等。由于一些家长修养差、素质低，教育方法不科学，使家庭教育出现了种种问题。如：简单粗暴，动辄打骂；不管不教，放任自流；滥施溺爱，包办代替；重智轻德，强制学习；言行不检，无所顾忌……

某校一位初二的孩子星期日晚在家复习迎考，他父母邀了几个朋友来家搓麻将，其响声搅扰了孩子，孩子无奈地说："11点多了，还打，我明天怎么考试？"麻友们正在兴头上，对孩子的话不予理睬。孩子生气了，就将电视打开，并把音量调大，弄得左邻右舍上门抗议。他父母觉得丢了面子，将他打了一顿，孩子连夜出走……

　　而另一位父亲平时工作很忙，与孩子相互交流并不很多，但只要孩子看到，这位父亲一定是在看书、写作。身教远大于言教。父母有多少工夫在家读书，家中有多少书，这些都会对孩子产生影响，且培养出的孩子，其境界也是不一样的。

　　一个优秀的学生，不但学习成绩优异，而且还会有远大的人生理想和抱负。除了孩子个人的主观努力，其理想与良好的家庭熏陶是分不开的，他们的父母大多是自身修养较好，能够严格要求自己，好学上进，以身作则的人。有一对教师夫妻的孩子一直在年级名列前茅，问起原因，孩子说："我的爸爸妈妈都是老师，他们每天晚上都伏案学习、备课、批改作业，他们对待工作非常认真负责，兢兢业业，所有这些，都深深地打动着我，影响着我，所以，我也要向他们那样，努力把知识学好。"

　　有一位家长从和孩子一起学习中体会到，父母的言传身教对孩子的影响是多么重要。她在心得中写道：

　　在家里，平时到了晚上，孩子在自己房间做作业，我也就到自己房间看书，互不影响。一天，孩子向我提出，要求和我在一间屋里看书，不懂时好问我。我不同意，认为孩子这样做是为了好玩而已，同时也讨厌她边做作业，边叽叽喳喳问东问西，尽是些不着边际的问题，无法安静学习。一天，孩子又再次提出要和我一起做作业，我答应了。只见她高兴得不得了，把书本作业拿到我的房间，和我一起在一张桌子上做作业。那天她出奇地安静，问题也没有那么多。见她作业做完了，我说："你收拾好书包，早点睡了吧。"她看了我一眼，说："妈妈，你还要看书呀？那我也再做点练习题，你什么时候睡，我就什么时候睡。"我吃惊地看着她，点了点头。心想：这个爱偷懒的家伙今天怎么这么用功？

第二天晚上，我刚拿出书来，她就拿起书包进来了，我什么也没有说，大家都安安静静地看自己的书。遇到不懂的，她就问问我，然后一如既往地看书，直到我也结束。

就这样，一个星期下来，通过我的悄悄观察，孩子的举动对我的思想触动很大。我才发现，原来我的一言一行是如此的重要，在潜移默化中，孩子自觉不自觉地受到影响。

学习型的家庭中，父母与孩子是共同成长，甚至是相互影响的。他们往往有一些成功的影响方式，如亲子共读、亲子通信、讲述成长故事等。父母的成长和孩子的成长一样，是没有止境的过程。父母的不断进步、不断学习，对孩子的影响是无形而深刻的。

帮孩子培养好习惯

习惯就是一种定型性行为，是经过反复练习而形成的语言、思维、行为等生活方式。

从心理上来说，行为一旦变成了习惯，就会成为人的一种需要。当你再遇到这类情景的时候，不用过脑子就会这样做。如果不这样做，就会觉得很别扭。这说明行为已经具有了相对的稳定性，具有了自动化的作用。它不需要人们去监督、提醒，也不需要自己的意志去操控，它是一种省时省力的自然动作，也就是平常说的"习惯成自然"。如：早晨起床你要刷牙，这种刷牙的动作只能叫行为，不能叫习惯。如果你起床后连想都不想，就自动拿起牙刷去刷牙，如果不刷牙就觉得嘴里特别扭，这种刷牙就变成了习惯。

成功的人并不见得比其他人聪明，是好习惯让他们变得更有教养、更有知识、更有能力；成功的人不一定比普通人更有天赋，是好习惯让他们训练有素、技巧纯熟、准备充分；成功的人不一定比那些不成功者更有决心或更加努力，但是，好习惯却放大了他们的决心和努力，并让他们更有效率、更具条理。

同学们都很熟知发明家爱迪生，他一生创造了1093项发明，包括白炽灯泡、留声机、电影等。在大家眼里，爱迪生是天才，但爱迪生本人却把自己的成就归功于勤于思考的习惯。他说："就像锻炼肌肉一样，我们同样可以锻炼和开发我们的大脑……恰当地锻炼、恰当地使用大脑，将使我们的思维能力得到加强和提高。而思维能力的锻炼，又将进一步拓展大脑的容量，并使我们获得新的能力。"缺乏思考习惯的人，其实不仅是错过了生活中最大的快乐，也会因此无法最大化地发挥和展现自己的才能。正是勤于思考的好习惯，让爱迪生把自身更多的潜能开发出来。

俗话说："积千累万，不如养成好习惯。"任何一个人在成长过程中都离不开教育。家庭是教育的最好教室，父母是孩子最重要的老师。叶圣陶说："什么是教育，简单一句话，就是要养成良好的习惯。"父母的第一责任是教育孩子，而教育孩子的第一件任务就是培养孩子的好习惯。

家庭教育最重要的任务是构建孩子的人格，培养好的习惯。望子成龙，望女成凤是每一个家长对子女的美好心愿，我们注意到不少父母过多关心学习，只要考出好成绩，孩子的什么要求都答应，什么愿望都满足，什么承诺都兑现。但事实上，这样做的结果，并不一定能让孩子考出好成绩，因为不适当的家教只能培养孩子的坏习惯，对孩子的学习甚至起着反面的作用。

习惯每时每刻都在影响生活。好习惯是一种坚定不移的高贵品质，坏习惯则会毒害心灵。

"我应该从什么时候开始教育我的孩子？"一位年轻的妈妈向一个经验丰富的医生咨询道。

"你孩子多大了？"医生问。

"已经两岁了，大夫。"

"哦，你已经耽误了两年的时间。"医生非常严肃地回答道。

家庭教育对人产生着无比巨大的影响，孩子从家庭这个小巢走出去，无论走到世界的哪个角落，从小养成的习惯都将如影随形，这一切都可以从家庭教育中找到答案。

拿破仑·希尔说："播下一个行动，你将收获一种习惯；播下一种习惯，你将收获一种性格；播下一种性格，你将收获一种命运。"父母，是孩子的第一任老师，也是孩子的朋友。每一个孩子从生下来到长大成人，其间要遇到多少个第一次：第一次啼哭、第一次说话、第一次自己吃饭、第一次穿衣服、第一次坐汽车、第一次上学……在这无数个第一次中，孩子逐渐走进人生的世界。这些第一次摆在他们面前的各式各样事物，使他们觉得陌生而好奇，同时，孩子们所遇到的各种困惑和疑虑，都需要父母的帮助、诱导与解答。而这些第一次灌输的观念和认识，会给他们留下极其深刻的，乃至是终生的印象与影响。

如果你为孩子培养了一种好习惯，那么，它就会处处让你看到未来生活里的希望，在通往成功和梦想的道路上，它就会成为你灵感的源泉，成为开启你智慧之门的金钥匙。我们做父母的，也许不能给孩子万贯家产，也不能给孩子金山银山，但如果给孩子一个美好的童年，使孩子从小养成一个良好的习惯，就会使孩子多一份自信，就会使孩子多一份适应生活的能力，就会使孩子有一个积极的人生，就会使孩子多一份成功的机会。

培养孩子良好习惯要讲究科学方法，不可操之过急。许多父母对孩子要求虽多，却不懂得或不够重视家庭教育应从习惯培养做起，更不了解习惯培养的原则与方法。习惯是人的一种稳定的、

所谓学习好，大多是方法好

自动化的行为。那坏的习惯呢，是一种意识不到的举动，自然而然发生的行为。所以在培养好习惯的同时必然要矫正不良习惯。青少年教育专家孙云晓建议培养习惯的技巧是：培养好习惯要用加法，改正坏习惯要用减法。

孙云晓研究认为，好习惯是号召不出来的，它一定是行为训练出来的。培养良好习惯一般需要6个步骤：一是提高认识，认识到习惯培养的必要性、重要性，唤起自觉性；二是确立行为规范；三是树立榜样；四是要有持之以恒的训练，一般需要一个月左右养成一个习惯；五是评价引导；六是形成良好的风气和环境等。家长应该从孩子的实际情况出发，选择他可能做到的，他愿意尝试的细节入手，如养成读书的习惯，或运动的习惯，等等。

面对孩子的坏习惯，有很多家长恨不得马上将其改正，常用唠叨、训斥甚至动武的方式去纠正，结果常常事与愿违。孩子养成一种坏习惯一定有其原因，这时候他需要的是帮助而不是训斥，训多了就成了噪声。

如何改掉孩子的坏习惯，哪些习惯可以酌情妥协一下，哪些习惯必须彻底改掉，家长应该有个适当可行的标准。对于孩子的进步应该及时鼓励，必要的话也可以用奖励的方式刺激孩子改正坏习惯的积极性。任何坏习惯的改正都需要渐进的方式，逐步要求孩子递减不良行为的次数。这需要家长有耐心，不可以操之过急。

有一位成功培养孩子良好习惯的母亲，她的做法值得家长们参考，以下是她的心得体会：

"很多熟悉的人常问我：'你儿子读书，你管不管的？看你这么轻松，儿子的成绩又不差，你是怎么管的？我的孩子读书，我累死了。'是啊，孩子读书家长怎么会这么累呢？我常对他们说，我们是不管的，但仔细想想也不是不管，关键是如何把握好管与不管的度。

"要帮孩子养成良好的行为习惯，就不要对孩子事事包办。记得，儿子刚上一年级，由于他的上学、放学时间与我上下班时间不一致，一年级的第一学期，我们特地请了一位保姆，除了家务外还负责每天护送儿子上下学。我规定每天由儿子自己背书包，放学后直接回家，第一件事就是做作业，完成后才可以玩。我们从来不帮孩子检查作业，只是每天在临睡前提醒式地问他：'今天的作业全部做完了吗？昨天的作业老师给你批了什么？'第一天我教孩子理书包，对照课程表把明天要用的书放进书包，把明天不需带的东西放在书橱里，第二天由儿子自己整理后我检查，以后就由儿子独立完成这件事，至多问一句'书包理好了吗？'作为提醒。我们还告诉儿子，整理书包时要考虑周到，想好明天要带什么，如果忘记了，爸爸妈妈是不会给你送来的。孩子毕竟还小，有时会忘了红领巾，有时会忘了水彩笔，但我们从来不给他送去，因为第一次忘了受到老师批评后记忆较深刻，以后就难忘了，这样的自然惩罚法使儿子在上学至今的 7 年时间里很少出现忘带东西的情况。五年级外出军训、六年级去东山参加数学夏

所谓学习好，大多是方法好

令营等，都是由儿子自己整理行李的，他提前一天列出一张行李目录表给我们看，然后由他去实施，需要时可以请我们帮忙或向我们咨询。我们正是这样游离在管与不管之间，逐步养成儿子自觉的学习习惯和独立生活能力，我们也能安心地把更多的精力投入到各自的工作中去。"

在孩子的成长过程中，类似这样的小故事是较多的，而且在学习和做人上我们更注重后者，因为教育的核心不只是传授知识，而是学会做人。习惯是一个人存放在神经系统里的资本，一个人养成好的习惯，一辈子都用不完它的利息；养成一种坏习惯，一辈子都偿还不清它的债务。如果说生命是一片充满生机的原野，那么，好习惯就是这片原野上悄然踏出的一条心灵之路，有了这条路，就不会再因误入荆棘之丛而被伤害，就不会在漫漫的岁月里迷失自我；有了这条路，就能去漫游我们的理想之国，就能一天比一天地更走近我们渴望的新生活。为了孩子有一个美好的未来，为了教育的成功，让我们从培养孩子的好习惯开始吧！

把童年还给孩子

小学二年级的强强本是一个聪明活泼的孩子，上幼儿园时，他就表现出了强烈的求知欲望，喜欢看书，喜欢认字，记忆力也特别强，许多问题只要老师或者父母讲一遍，强强就能记得非常清楚。幼儿园生活结束后，强强如愿进入一所重点小学上学。一年级时，由于课程还比较少，强强学习还是非常起劲，可到了二年级后，除正常的课程之外，学校又给他们增加了奥数等课程，而且老师布置的作业一天比一天多，强强的负担和压力也越来越重。每天放学后，强强首先要打开计算机上网，从网上查找老师布置的作业，接着就开始没完没了地做作业。做完作业已经是晚上9点多了，强强还是不能休息，他还要遵照父母的要求，练习钢琴，学习绘画。所有这些都进行完后，已经到晚上11点多了，强强这时才能去睡觉。有时作业多，还会睡得更晚。强强常常感到自己睡眠不够，但他是个听话的孩子，还是遵照父母的要求，一心一意学习。

可最近一段时间，强强的父母亲却发现儿子变得有些沉默寡言，而且经常感到身体不舒服。两天前，强强又向父母诉说自己胸闷、难受，且有疼痛感，父母带强强到医院进行检查。各种检查结果出来后，医生发现强强各项检查指标都正常，身体并没有什么疾病。医生仔细对强强的母亲进行了询问，了解了强强生活、学习的全面情况后，他做出了诊断，强强的症状是一种因学习压力过大而形成的心理障碍。由于学习压力沉重，孩子根本没有玩耍时间及同父母、同学、老师交流的时间，长时间的沉重压力和缺少应有的交流，导致了强强的心理障碍，严重的心理症状又影响到身体，从而产生了胸闷和身体不适的感觉。同时，医生告诉强强的父母，要治疗孩子的心理疾病，最主要的是要关心孩子的心理世界，给孩子减压，同时要加强孩子与同学、老师及父母的交流。面对孩子的病情，强强的母亲显得非常痛苦，她伤心地说："早知道这样，就不让孩子学这么多东西了，现在孩子病了，才知道学得太多不一定是什么好事。"

"20世纪六七十年代的孩子在玩泥巴中度过童年，20世纪八九十年代的孩子在游戏加学习中度过童年，而如今的孩子却在沉重的负担中去经历自己的童年。"这是一位心理专家对近几代人的童年做出的一个简单总结，虽然这样的总结可能不很准确，但却大体上反映出了过去和现在孩子童年时代的巨大差别。从这个总结中不难看出来，虽然现在人们的生活水平越来越高，孩子们的童年生活也越来越丰富，但从另外一种角度来说，孩子们的童年也越来越缺少乐趣和快乐，越来越缺少自我了。

而像强强这样患上心理疾病的小学生并不是个别现象，根据一些儿童医院的统计，随着学习压力的不断增加，最近几年来，前来就诊心理疾病的患儿数量也逐年上升，很多是患心理行为疾病的儿童，而且，儿童出现心理疾病的年龄也越来越小。

从这些孩子的病例看，家长望子成龙的心理及各种沉重的学习负担和压力是造成儿童心理疾病增多的主要原因。有的孩子每天的睡眠时间只有六七个小时，这么少的时间对许多成年人来说都是不够的，更何况孩子。由于学习时间长，压力大，这些孩子平时既没有玩耍的时间，也没有和家人、同学、老师充分的交流和适当的心理疏导时间，学习造成的心理压力无法释放，久而久之，就容易形成心理问题，如果家长不能及时发现和正确处理，最后还有可能发展成较严重的心理疾病。

孩子不是父母手中的橡皮泥，可以任由父母捏造，他的想象需要驰骋，他的思维需要锻炼，他的身体需要运动，他的能量需要释放；孩子不是学习的机器，他首先是人，是孩子，一个有童心、有玩性的孩子。"物极必反"的道理告诉我们，若把为成功而奔跑的弦绷得太紧，总有崩断的一天，弑母、自杀、逃学、出走等就是触目惊心的例子。

整日被成功的榜样包围着，被学习的负担压迫着，就算你给了他玩耍的时间，他也不会玩了，因为他已经丧失了玩的能力！不是吗？如今都是独生子女，多住在火柴盒似的钢筋水泥构筑的房子里，上幼儿园时，父母忙于应酬，无伴的孩子只好与电视、电子游戏为伍，患"孤独症""自闭症"等的孩子多了起来。上小学时，那永远做不完的作业，已让孩子无暇顾及玩耍，他们交往中人际沟通能力、团结协作能力、组织领导能力等，与他们的父辈相比，正在弱化！就算周末父母开恩让他们疯玩一会儿，他们在游戏中体现出的想象能力、创新能力、思考能力等也正在弱化！

我曾问过一个小学生，他和同伴在一起时到底在玩什么，他的回答令我失望：不知道要玩什么，没花样。无伙伴无游戏不会玩的童年，是一片贫乏枯燥的荒原，快乐从何而来？抽掉游戏、没有快乐的童年，身心的健康成长岂不是一句空话？

当然，家长望子成龙的心情是可以理解的。谁都希望自己的孩子前程似锦。但是我们不可采取急功近利的方式，以剥夺儿童童年快乐为代价去获取"近期发展"，要从儿童发展的长远利益去考虑，营造有利于儿童"可持续发展"的家庭教育环境，因此，构建健康绿色家庭是十分重要的。所谓"绿色"，是指它符合儿童成长的特点和需要，不允许添加任何不利于儿童发展的"催化剂"，防止揠苗助长；同时它还具有环保的精神，不主张"过量开采"，而强调儿童未来的可持续发展。

孔子《论语》首篇就说："学而时习之，不亦乐乎。"学习应当是快乐的呀，为什么关在书房才叫学习呢？为什么不能让孩子在游戏、活动、玩耍中学习呢？教育家陶行知说："解放孩子们的手，让他们尽情去玩；解放孩子们的脚，让他们到处去跑；解放孩子们的脑，让他们自由去想；解放孩子们的嘴，让他们随意去唱去说。"

面对竞争激烈的社会环境，我们必须要让孩子从小学会适应，具备各种能力，而许多能力不是靠学几个"兴趣班"就能获得的，而是在童年快乐的游戏中形成和发展的。童年的快乐与幸福对人一生健康成长，特别是形成健康的个性和健康的心理是十分重要的。儿童期不仅是为成人期做准备，儿童期有其独特的自身存在的价值，应充分尊重儿童享有童年快乐的权利，这不仅是儿童的权利，也是儿童发展的需要。因此，父母应为孩子的成长提供良好的环境，首先是对儿童精神生活需求的满足，还给孩子们一个快乐幸福的童年。

针对不同家庭教子方式多样化的现状，我们把儿童成长的主要环境——"家庭对儿童的期待"基本划分为以下4种类型，并概括出不同家庭教育孩子的基本特点。

1.力求完美型

家长认为，儿童的成长是人生第一阶段，不能有一丝一毫的闪失，任何不符合儿童成长的因素都要严格控制。有些父母希望自己的孩子在人群中永远是最优秀的，因此，情绪经常处在高度紧张状态：对孩子要求过高，苛求孩子各方面完美，容不得孩子犯错误，忽视儿童成长的阶段性及其特点，没有根据的批评或指责较多。

这样的家庭中，家长与孩子既亲密又紧张。孩子从小有上进心，懂道理。但过高的要求使孩子压力很大，他们会渐渐疏远家里人去寻找自己的快乐与幸福。为了达到完美的要求，孩子容易说谎。

2.圆梦补偿型

家长认为，自己童年的理想没能实现是件遗憾的事。既然孩子是自己生命的延续，何不把自己的梦想寄托在孩子身上，无论

所谓学习好，大多是方法好

如何，还是关键要把孩子所走的路铺好。

于是，父母一切都要包办代替，把自己的意愿强加给孩子，让孩子时刻按照他们的理想去生活和学习，忽视孩子自身的天性和兴趣。只要是与他们愿望一致的事情，他们会不惜一切代价地去付出。

因此，家庭关系比较紧张，由于多数父母的理想与孩子的兴趣差距较大，孩子学习被动，父母会伤心和失望。面对父母的压力，孩子会采取逃避现实的方式去应付眼前的一切。他们从小只会服从，不会选择，缺少自信，缺少自我判断能力。

3. 顺其自然型

家长认为，"小树长大自然直"，孩子的成长不用太操心，有幼儿园、有老师呢。于是，对孩子比较放纵、迁就和娇惯，尽可能满足孩子的各种物质要求，与孩子沟通较少，对他们的成长比较放心。因此，孩子比较灵活、有主见，但也很任性，个性较强。对是非的判断能力差，容易受外界影响，责任感不强。

4. 绿色健康型

家长认为，儿童是人一生发展的关键阶段，他们的成长和发展有其自身的特点。要为他们成长打下坚实的基础，必须尊重他们的天性，提供适宜的教育环境，为他们终生可持续发展奠定基础。要教育好孩子必须从自己做起。

这样的父母深信"身教重于言教"，处处为孩子做榜样。尊重孩子的发展特点，尊重孩子的兴趣和需要，讲求科学的教育方法，经常与孩子沟通，善于发现孩子的进步，勇于向孩子学习，能正确运用鼓励、欣赏、批评的方式，对孩子的教育晓之以理、动之以情、持之以恒。

这样的家庭，父母与孩子关系平等、和谐、融洽，相互尊重、相互关爱。孩子愉快活泼、兴趣广泛，喜欢与他人交往，自主自信，个性健康。有良好行为习惯、有健康的情感和良好的道德品质。有坚强的意志品质；有基本的抗挫折能力。

很显然，绿色健康型家庭最有利于儿童的健康成长。如何创建有利于儿童健康快乐成长的家庭环境，父母必须从以下几方面做起。

1.正确看待孩子的成长

每一个孩子都是唯一的，他们有鲜明的个性，有自身潜在的各种能力，在他们成长的过程中，孩子表现出极为明显的个体差异，他们的某些方面有快有慢、有先有后，这些都是很正常的。作为家长要了解自己孩子的成长与发展，给他们提供适宜的教育，不要盲目攀比，切忌用一把尺子衡量所有的孩子。

2.理性对待孩子的未来

人生之路十分漫长，孩子的成长是谁也代替不了的，应该相信孩子可以选择自己未来发展的道路，家长不要越俎代庖，更不能过高苛求孩子尽善尽美。一味追求孩子"成龙成凤"，其结果

所谓学习好，大多是方法好

可能恰恰相反——家长对儿童期望值越高，失望也越大。正确的方式应该是理性地对待孩子，尊重他们的兴趣、尊重他们的选择、尊重他们的发展。

3.还给孩子童年的快乐

童年只有一次，童年的快乐是人一生中不可缺少的精神财富，要像珍惜孩子生命一样去珍惜孩子的快乐，这是儿童健康成长的基础。我们强烈呼吁：还给孩子童年的快乐，这是儿童应有的权利。

4.实现孩子理想的发展

孩子的成长，离不开家庭的抚育，家长是孩子最好的成长伙伴。为了实现儿童理想的发展，每一个家长都要从我做起，观察了解孩子的成长特点，掌握孩子的发展规律，为他们提供健康愉快的成长环境，多给予他们亲情、多与他们沟通、常陪他们游戏、尽可能多地满足儿童精神上的需求，这些都是儿童理想发展的重要条件。相信孩子的能力，尊重他们的需要，引导他们发展是每个家长的责任。为了孩子更理想的发展，我们要学会与孩子共同成长。

重要提示！

1.处在童年的孩子，身心都十分稚弱，不能强加给他们太多的负担，而要多给他们自由玩耍，自由发展的空间。

2.孩子不是父母手中的橡皮泥，可以任由捏造，父母要顺应孩子的自然天性和兴趣，因势利导，才能促使孩子顺利成长。

赏识孩子

某电视台请知心姐姐卢勤做"怎样教育淘气的孩子"的节目，一个看上去挺"蔫"、好像并不淘气的男孩冲着镜头说了一句特别精彩的话："每次我爸说我的时候，都要说，瞧人家孩子怎么怎么好，瞧你怎么怎么差；瞧人家孩子多聪明，瞧你多笨……我心里很不服气，我就想，你要觉得人家孩子好，你就给人家孩子当爸爸算了，干吗给我当爸爸！"

坐在台下的男孩的爸爸的眼睛瞪得跟豆包一样，嘴咧得老大，一句话也说不出来。节目拍完后，这孩子的爸爸流着泪找卢勤："我是一个司机，就这么一个儿子。我对他那么好，挣钱全是为了他，他凭什么这么冤枉我？"

知心姐姐卢勤告诉他："您爱您的孩子，可是您的孩子不知道。您没有表现出对他的爱和赏识，您赏识的只是别人家的孩子。所以，您的孩子认为您不爱他。"

有这种烦恼的孩子和家长，为数并不少。一位记者曾随机采访调查过几位家长，问他们平时对孩子说得最多的口头禅是什么，回答惊人的相同："你咋这么笨，长脑袋是干什么的？""这次考试成绩不好，我找你算账！"

所谓学习好，大多是方法好

许多家长教育孩子的心理有些错位，不是用赏识的目光去看待孩子的优点，而是用挑剔的眼光找孩子的毛病。最可怕的是用别人家孩子的长处，去比较自己孩子的短处，越比较越觉得自己的孩子不如别人家的孩子。

赏识导致成功，抱怨导致失败。我们给女孩的玩具是布娃娃之类的，给男孩的玩具常是各种模型，而且是活动型的，那里面蕴含着我们希望女孩温柔、文静，希望男孩勇敢、活泼的意思。女孩子打架的结果会是挨训：现在就这么疯，以后怎么办呀？男孩打架的结果是被赞赏：调皮的孩子聪明。孩子长大了，人们说：女孩到了中学就不行了，男孩子到了中学就好了。要知道谎言重复千遍成真理，女孩子受到的暗示是"不行"，男孩子受到的暗示是"行"，这就使他们产生了不同的状态。倘若你要孩子行，那就要珍爱孩子每一次的成长机会，欣赏他们的成长，欣赏他们的言行；倘若你要孩子不行，那就抱怨、指责他们吧。

被尊称为"教育史上的哥白尼"的捷克教育家夸美纽斯指出："应当像尊敬上帝一样地尊敬孩子。"人性之中最本质的需求就是渴望得到赏识。就精神生活而言，每个幼小生命仿佛都是为了得到赏识而来到人间，谁也不是为了挨骂而活着。

孩子与成年人不同。成年人在这个单位不被赏识，干得不顺心，可以调换到另一个单位去工作，而孩子不被父母所赏识，就没地方去了。

所以说，学会赏识——应当是每个家长的座右铭。"哪怕天下所有人最后看不起我们的孩子，做父母的都应该眼含热泪地欣赏他、拥抱他、称颂他、赞美他，为他们感到自豪，这才是每个孩子的成才之本。"这是一位聋童父亲在为改变女儿坎坷的命运途中发现的一个奥秘。

你的孩子就是你的孩子，没必要总去和别人家的孩子比，只要你的孩子今天比昨天有进步，你就应该祝贺他，这就是母亲对自己孩子的赏识。

盲目的比较，会产生许多不良后果，使你的孩子失去自信。孩子会错误地认为，他的"灾难"是他的伙伴带来的，他不但不会产生向伙伴学习的愿望，反而结下冤仇，在他今后的生活中，将拒绝向别人学习。不要说未成年的小孩子，就是我们大人，谁都愿意和赏识自己的领导、赏识自己的同事一道工作，谁也不愿意和整天横挑鼻子竖挑眼，对这不满意看那不顺眼的人一起共事。

我们当家长的，没有任何理由对孩子说泄气话，因为孩子成长的道路犹如赛场，他们多么渴望父母能发现自己身上的闪光点，为自己呐喊加油，哪怕一千次跌倒，也要坚信他们一千零一次能站起来，去争取人生的辉煌。

那么，怎样赏识孩子呢？要做到以下 6 点：

1.善于微笑地注意孩子

微笑，可以说是人际交往的魅力开关。微笑本身就是人际交

所谓学习好，大多是方法好

往成功的秘诀，它能散发出凡人无法抵挡的魅力。

注意就是对人的关切、敬意、重视。抱着赏识的心态看孩子，越看孩子越可爱。抱着赏识的心态对周围的人或事发出爱的信息，周围的回报也必然是同样的。

"一个人的面部表情比穿着更重要！"要把你的微笑带进家庭，要把你的微笑变成你的教育行为，要把你的微笑送进孩子的心中。

2. 注意寻找孩子的闪光点

赏识教育的观点认为，优点不说不见了，缺点少说逐渐少。希望孩子成为什么样的人，就要找孩子什么方面的闪光点。

你希望孩子学习好，就寻找他学习的闪光点；你希望孩子爱劳动，就寻找他劳动的闪光点。请不要光盯着孩子的缺点，你越盯他的缺点，缺点就会越多；你要多找孩子优点，哪怕是微小的进步，对不明显的优点加以赞扬，那么这优点同样会扩张。

在某两个国家的战争一触即发的紧急关头，联合国秘书长安南的一次出访竟然把战争化解了。问他为什么能这样？他讲解了自己小时候的一件事：一天，老师在一张白纸上涂了一个黑点，问同学们看到了什么。大家异口同声回答："一个黑点！"老师笑了："假如你们只看到了黑点，那么你们的一生恐怕就很不幸了。这么一大张白纸你们看不见，眼睛却只集中在一个黑点上！我们的世界是由光明和黑暗组成的。你们的视线完全集中在黑点上，黑点就会无限制地扩大，整个世界就会变成一片黑暗。"老师的话改变了安南的思维方式，他就是在战争的乌云之中看到了和平的希望。

这个事例告诉我们只要善于发现别人的光明面或闪光点，就会产生友好和善意。

3. 要相信自己的孩子"行"

家长相信自己的孩子"行"，孩子才会相信自己"行"。家长赏识孩子的主要目的是要让孩子建立自信，对自己要有信心。

自信是使人走向成功的第一要素，你觉得自己是有价值的人，你就变成有价值的人，做有价值的事。如果说你真正建立了自信，那么你就已经迈入了成功的大门。

美国教育家把教育孩子的全部奥秘概括成 4 个字：信任孩子。我国教育家陶行知先生早就告诫人们要"相信儿童，解放儿童"。俗语说得好："说你行，你就行，不行也行；说你不行，你就不行，行也不行。"只有相信自己，才能激发进取的勇气，才能感受生活的快乐，才能最大限度地挖掘自身的潜力。

一个孩子，本来不笨，你说他笨，我说他笨，大家都说他笨，他也相信自己笨了。本来他能办好的事，他想自己是个笨孩子，就不去办了。一个孩子，你说他行，我说他行，大家都说他行，他就坚信自己行，就会想方设法表明自己行。

爱因斯坦 4 岁才会说话，上学后也是"呆头呆脑"的，教导

所谓学习好，大多是方法好

主任曾断言他将来肯定不会有出息。然而他那身为机电工程师的父亲，在大家都看不起孩子，孩子也怀疑自己笨的时候，没有指责和抱怨，而是不断地鼓励他。父亲为爱因斯坦买了一盒积木，然后让全家人围坐在他身旁，每搭一层大家就给他一阵掌声，当搭到第14层的时候，他的自信被一点一点地找了回来，最终造就了一位科学巨匠。

赏识常常能够改变人的一生。赞扬是催人向上的最好动力。往往我们赞扬什么，就增加什么。

你赞扬他地扫得干净，他扫起来越干净；你赞扬他跑得快，他越跑越快；你赞扬他单词背得又快又多，他肯定背得更快更多。人的生活离不开赞扬，离不开赏识。孩子也是如此。

要用心理暗示法想方设法暗示孩子，让他感觉自己能行。

4. 不抱怨、不训斥、少批评

赏识教育并不排斥批评和惩罚，赏识教育的基本点是以鼓励为主，批评、惩罚为辅。但有一条，千万不能抱怨。什么是抱怨？就是倒洗澡水的时候，把婴儿也泼了出去。批评孩子的时候，只表达了恨铁不成钢的"恨"的一面，而没有把爱传达给孩子。说孩子这也不好，那也不好，就是抱怨。

家长批评孩子一定要注意批评的技巧。心理学家告诉我们：批评和赞扬一个人的某一部分，会有受到了全部好评的感觉。

比如，赞扬某位女孩"你的眼睛真漂亮"，她会觉得你说她人很漂亮。批评某位女孩"你的嘴长得不好"，她会认为你说她人长得不好。批评往往容易被夸大，容易被对方误以为是对他整个人的攻击，因此批评就必须注意批评的方法。

很可能是经常遇到困难的学生，要么是在行为上不规范，心理上有障碍、有困难的学生。差生其实质是某些方面有困难的学生，叫作"困难生"也是名副其实。"困难生"包括：学习差、劳动差、思品差、卫生差、体育差、文艺差等。某个学生，在语数外老师的眼里是"优生"，很可能在音体美老师眼里是"困难生"。从这个意义上讲，因为绝大多数的学生，不是在这方面就是在那方面或多或少的有困难，所以教师面对的学生，绝大多数是"困难生"。嫌弃困难生就是嫌弃绝大多数学生。学生有困难，需要老师的帮助。那么，在孩子有困难的时候，家长是雪中送炭，还是雪上加霜？雪中送炭，是帮助孩子分析困难，共同研究解决困难的办法，给孩子鼓励让他看到希望，鼓起勇气克服困难纠正错误。雪上加霜，是一顿狠狠地批评、训斥、讽刺、挖苦，给冷脸子。所以请家长们对学习差的孩子、控制自我行为困难的孩子要给予特别关爱和赏识。希望雪中送炭，不要雪上加霜。

只有宽容的心态，才能孕育出赏识的心态，这是一条定律。家长不能不允许孩子犯错误，不能因为孩子一犯错误就大声训斥，严厉批评。因此，家长要学会赏识，必须先学会宽容。

　　　　　所谓学习好，大多是方法好

5. 用激励的语言批评学生

允许孩子犯错误，也允许批评，但要注意批评的技巧。

尼克松的秘书曾做过许多任总统的秘书，他的绝活就是在给总统提意见之前，总是先发自肺腑地赞赏总统的丰功伟绩，讲总统如何伟大，如何有魄力，讲得总统心花怒放的时候，话锋一转："总统阁下，如果这个问题你再注意一点的话，你不是就更伟大了吗？"过去，我们总在强调"忠言逆耳"，为什么就不能让忠言顺耳呢？

我们要学会委婉地指出孩子的缺点，提出激励性的批评。如："像你这么好的孩子，怎么会犯这种错误呢？""你最近进步很大，家长、老师和同学都在关注着你，你却出现了问题，让家长和老师多遗憾呢！请你考虑一下，这个问题怎样解决？"

重要提示！

1. 千万不要用别人家孩子的长处，来比较自己孩子的短处，认为自己的孩子处处不及别人，那样会严重损害孩子的自尊心。

2. 要多肯定孩子的优点和长处，少挑孩子的缺陷，帮助孩子建立自信心。

3. 当孩子犯错误时，要少一点训斥和批评，多一些宽容和鼓励。

让读书成为孩子的习惯

读书，是孩子们净化灵魂、升华人格的一个非常重要的途径。但现代学生除了读教科书之外恰恰很少读其他的书。凡是读书多的孩子，一般来说其视野必然开阔，其精神必然充实，其志向必然高远，其追求必然执着。

世界上那些生命力旺盛的民族一定是爱读书的民族，如犹太民族。近代史上3个最伟大的人物均来自犹太民族：马克思以唯物辩证法改变了人类对社会的看法；爱因斯坦以相对论确立了崭新的宇宙观；弗洛伊德以精神分析法让人更准确地了解自身。全世界富有者中，40%是犹太人。诺贝尔奖获得者中最多的也是犹太人。他们读书的态度近乎宗教信仰，孩子刚生下来，就用蜂蜜涂在书上，让孩子舔，意思是读书才能甜蜜；他们绝不允许把书踩在脚下。他们每人年均读书60本，中国人每人年均只有5本。一个不读书的人是走不远的，读书跟他是否大学毕业没有关系，书才是真正的大学，才是让人精神成长的乐园。

好读书的人生活不一定富裕，但他却是精神富翁。

书籍是人类进步的阶梯，读书是人类获取知识的重要手段。小学和中学时期是学生阅读的重要阶段，通过读书不仅可以使学生加深对教材的理解，拓宽学生的知识面和视野，而且也可以提高他们从不同角度分析和解决问题的能力。这不仅是目前也是将

所谓学习好，大多是方法好

来的一切职业的要求。俄国教育家苏霍姆林斯基经过多年的研究证明：正确的阅读方式和大量的阅读实践能直接促进人的大脑发展，有些小时候聪明伶俐的儿童，随着年龄的增长，反应越来越迟钝，很重要的一个原因就是小时候没有养成正确的阅读方式和良好的读书习惯。

但读书毕竟不是一种天生的习性，家长应注意引导孩子养成读书的兴趣，培养他们良好的读书习惯。

1.防止看电视对形成读书习惯的不良影响

现在，电视已普及，由于它打破了时空的界限，已成为人们信息的重要来源。但电视节目的语言表达方式十分程式化，虽然帮孩子在一定程度上扩大知识面，但电视节目使青少年处于被动状态，不愿意积极思考。从生理上说，电视还会使人感觉劳累和迟钝。看了一两个小时的电视后，就不愿意再打开书本看书了，因此，家长应对孩子看电视的时间作相应的控制。

2.合理安排时间

这是读书的重要前提。中学生学习本来就较紧张，只能利用节假日的大块时间和平时的零碎时间进行阅读。节假日时间较集中充裕，适宜读一些系统的篇幅较长的读物。平时的零碎时间较分散，但如果把它们加起来，也是一段很长的时间。由于时间短，往往被人忽视浪费了。应充分利用这些小时间读一些小东西，长期坚持，大有好处。

3.针对兴趣，因势利导

读书也是为了开发青少年的智力。如果他们对书本没有兴趣，则应从他们的兴趣入手。孩子的好奇心多种多样，恐龙、极地、太空探险等，完全可给他们推荐相应的书籍和读物。家长可以向他们提出问题，让他们带着问题有目的地去读，阅读会更有趣，效果会更好。

4.有计划地选择最佳内容

读书要有目的、有计划地进行。不能今天看这个，明天看那个，这对学习没什么好处，反而会影响学习。要有计划、有步骤地进行。当今书籍种类繁多，而且鱼龙混杂，良莠不齐。由于青少年身心没有完全成熟，辨别力不够强，可塑性很大，家长应注意帮助孩子选择健康有益的书。否则，可能会起相反的作用。学生阅读的书籍大体有3类：与课本有关的参考书；报纸杂志；优秀的文学作品和思想修养等方面的书籍。书籍的水平应略高于孩子的年龄水平。由于每代人都有自己的文化、学习、爱好、生活特点，不能把自己小时候看的书强加给孩子，应考虑孩子的兴趣。在成人眼里，科幻、侦探类小说纯属于现代的神话作品，未必有兴致问津，但这类作品却能满足孩子大胆想象的欲望。这类读物也可有选择地读。

5.处理好精读与泛读的关系

读书时，有些书要精读，有些书泛读就可以了，另外一些书

所谓学习好，大多是方法好

只要浏览一下就行。精读是基本的阅读方法，做到精读，才能真正读懂、读通几本书。一般先把书从头到尾看一遍，对全书有一个概括的了解，然后再逐节反复阅读，边读边想，记下问题后，再抓住重点、中心，深入推敲，最后进行复习巩固，做读书笔记。精读贵在熟与深。熟即反复阅读，背诵如流；深即反复思索，弄懂弄通。切忌一目十行，不求甚解。泛读目的在于开阔眼界，扩大知识面，提高获取信息的能力。这些书只要读过一遍，略知大意即可；需要时再去查阅。泛读的范围宜宽不宜窄，或可涉及多个领域。浏览是掌握动态、开拓信息源、提高信息检索能力的重要方法，一般不要求阅读整篇文章，只需从文章中摘取有效信息并作记录即可。有时则只是浏览一下报纸杂志刊登的文章题目，以了解动态。

6.学会做读书笔记

读书时要勤于动笔，养成记笔记的习惯，这有利于加深理解书中的内容，更有利于训练、提高思维能力和语言表达能力。如果是自己的书，可以根据理解在书上画上不同的标记（如圈点或画线），但不能过多，每种符号代替的意思要一致。也可在书上写批语，或者摘录书上的部分内容，或对文章进行概括，写出文章的提纲等，也可写心得笔记。

7.营造良好的读书环境

要根据家庭的居住条件和经济情况给孩子创设较好的读书环

境，如：房间、桌椅、书橱、书籍等。孩子读书时要尽量保持室内安静，电视、谈话等声音要尽量少对孩子产生干扰。父母要经常在孩子的"书房"里指导孩子读书、学习，或与孩子一起读书，耐心倾听孩子认为有趣的内容，与孩子交流读书体会，使孩子经常体验到"书房"的温暖，对"书房"产生亲切感、依恋感。在平常谈话中，可以有意无意地讲一些伟人读书的故事。要经常带孩子逛书店，只要家庭经济条件允许，应尽量满足孩子购书的愿望，但购书时要根据孩子的阅读能力、兴趣和书本内容慎重选择。不要一口气购买大量的书回家，这样反而会使他们不知道先看哪一本好，或者每一本都匆匆翻过，急着看下一本，无法细细体味读书的乐趣，从而减低对书籍的兴趣。买来的书，父母应该要求孩子一定要看，否则就不能再买。

8. 家长要以身作则

孩子的阅读兴趣和阅读习惯在很大程度上来自于父母的影响。有一个调查显示，父母的阅读兴趣和阅读习惯，对孩子学习成绩是否优秀存在着非常显著的影响。如父母阅读报纸杂志一项，优秀生组的比例大大高于后进生组。所以家长不要只要求孩子，平时也应多注意学习，提高自己。

重要提示！

1. 要从小培养孩子喜爱读书的良好习惯，可以多购买一些书籍放在家中，任凭孩子依其兴趣选择阅读。如果发现孩子对某类书籍的兴趣特别浓厚，可有意识地加强培育。

2.要注意防止孩子把过多的时间花在看电视上，看电视容易使人感觉疲劳和迟钝，要诱导孩子把时间花在阅读有益的书籍上来。

3.要在家中营造出一种良好的读书氛围，读书必备的硬件设施应齐备，保持环境安静。同时，作为家长，更要以身作则，为孩子树立喜爱阅读的榜样。